股市有风险　入市需谨慎

背离技术
精准断定买卖点

股票淘金客　著

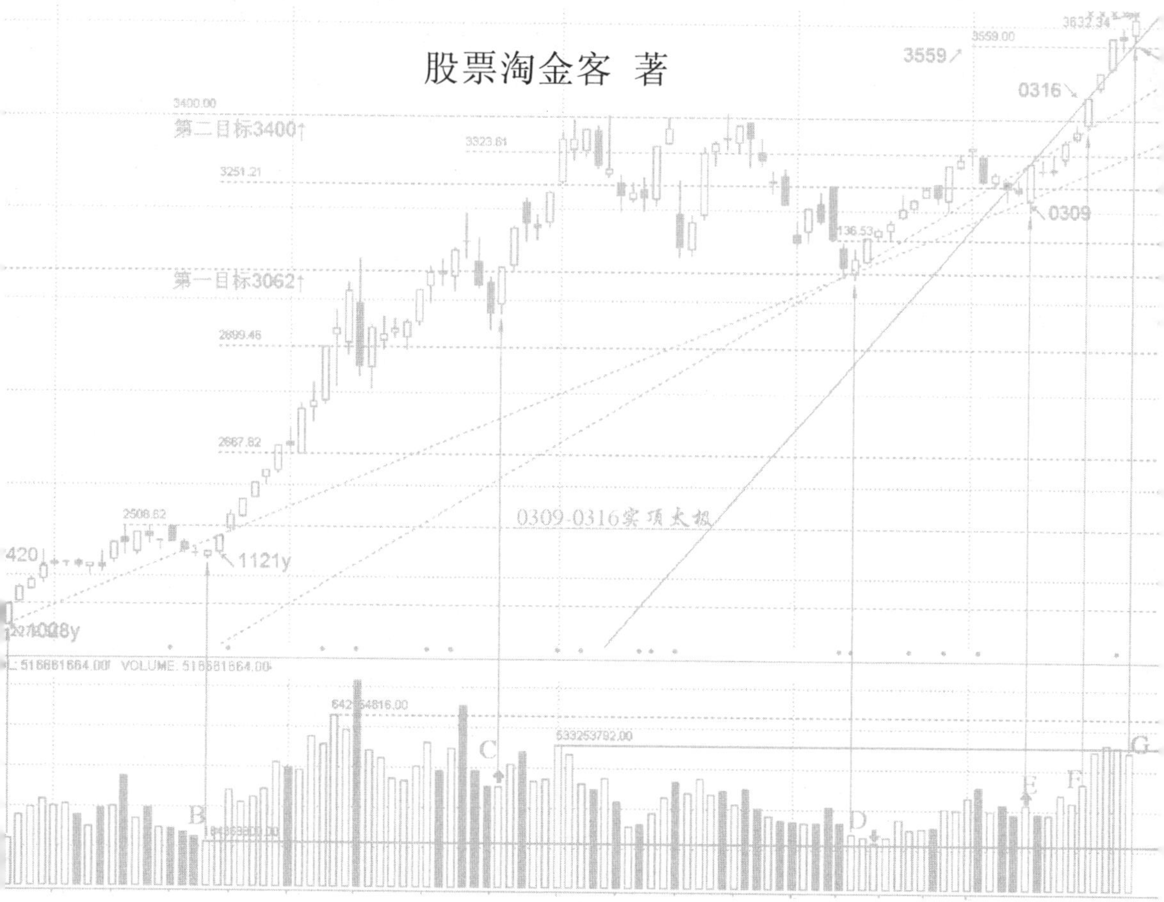

图书在版编目（CIP）数据

背离技术精准断定买卖点/股票淘金客著. —北京：经济管理出版社，2016.4
（2023.5重印）
ISBN 978-7-5096-4211-5

Ⅰ. ①背… Ⅱ. ①股… Ⅲ. ①股票投资—基本知识 Ⅳ. ①F830.91

中国版本图书馆 CIP 数据核字（2016）第 007552 号

组稿编辑：勇 生
责任编辑：勇 生 王 聪
责任印制：黄章平
责任校对：雨 千

出版发行：经济管理出版社
（北京市海淀区北蜂窝 8 号中雅大厦 A 座 11 层 100038）
网 址：www. E-mp. com. cn
电 话：(010) 51915602
印 刷：北京晨旭印刷厂
经 销：新华书店
开 本：720mm × 1000mm/16
印 张：12.5
字 数：156 千字
版 次：2016 年 4 月第 1 版 2023 年 5 月第 13 次印刷
书 号：ISBN 978-7-5096-4211-5
定 价：38.00 元

前　言

在股票交易中，投资者买卖股票的机会出现在背离形态出现之时。背离形态出现在股价异常波动的时候，经常成为典型的交易信号。背离出现的概率不高，只有股价单边涨幅达到一定高度，才可能出现这种情况。而股价下跌期间，短期跌幅越大，背离越容易形成。价格高位背离和低点背离分别是投资者卖出和买入股票的信号，是难得的交易机会。

通常，投资者有丰富的技术分析工具确认交易方向和买卖时机。不过技术指标提供的交易机会不一定非常准确，而通过背离确认的买卖时机通常不会出现明显的偏差。背离确认交易机会的时候，偏差一般是背离次数造成的。因为股价单边波动空间较大，短线一次背离很难改变价格运行趋势。而经过连续多次背离以后确认交易机会，就非常可靠了。我们可以怀疑一次背离提供的交易机会，却不必怀疑第二次甚至第三次的交易机会了。

背离形式有很多种，其实最常用的是技术指标和股价背离形态。RSI 指标、MACD 指标、BIAS 指标等在股价形成了背离以后，期间的交易方向就将很快逆转，我们在背离期间采取行动、买卖股票可以获得更好的投资效果。与指标背离不同，量价背离、个股和指数背离、筹码背离等系列重要的背离形式都为我们提供了丰富的交易信号。确认背离提供的调整效果时，我们可以有针对性地使用不同的背离形态确认。

我们根据不同的背离确认交易机会的时候，可以首先采取分时图中背离来挖掘交易机会。日K线图中价格运行趋势转变是从分时图开始的，而分时图中股价反转期间的背离形态提供了第一手的交易信息，显然是不可忽视的交易信号。分时图中涉及指标和股价背离、量价背离等情况。

分时图提供的交易机会更加接近目标价位，如果我们抄底买入股票，分时图中的背离提供了更低的加仓时机。当然，如果我们正打算在价格高位减仓，分时图中背离首先提供了更高的卖点，我们卖出股票可以获得更好的回报。关注日K线价格走势的同时，我们在细分的分时图中采取行动更加接近真正的高抛低吸价位。

从分时图到K线图，背离始终是我们关注的重点内容。涉及指标的背离，我们只要将技术指标设置合适的计算周期，相应的背离信号就会有效。例如，RSI指标的计算周期可以设置为12日或者14日，用于确认股价背离信号。

按照从分时图到日K线图和周K线图、从技术指标到股指、量价、筹码等的背离分析过程，我们获得背离提供的交易信号更加容易盈利。当然，好的投资效果离不开实战案例的学习。通过历史上背离形态确认的交易机会解读，我们很容易确认典型的交易机会出现的方式以及我们买卖股票的确切位置。而如果我们结合资金流向确认背离的有效性，就可以在判断主力的买卖方向的基础上确认交易方向。这个时候，背离与资金结合的买卖点位是非常有效的交易信息。

本书中涉及我们实战当中常见的交易指标与股价的背离，并且有贴近实战的经典历史背离案例解读。力图以更简单明了的背离解释价格反转的过程，帮助投资者在第一时间掌握交易机会。

目 录

第一章　背离是怎么回事

在实盘操作当中，我们会发现个股走势上有很多的背离情况出现。可能是股价与技术指标背离，也可以是股价与指数走向背离，也有筹码背离的情况。诸多背离当中，我们认为背离的基础是价格异常波动。当股价大幅上涨的时候，指标回升可能不及价格上涨趋势明显。指标首先回落的时候，指标和股价的高位背离就形成了。我们研究背离形态，基本目标是确认买卖时机和交易方向，把握好价格转变时的最佳交易机会，提升盈利空间。

本章围绕背离的基础讲解背离的成因等基本知识，帮助投资者认识背离，理解背离以及通过背离来交易并且获得收益。

第一节　背离的成因

实战当中，我们发现股价背离形态最基本的成因是股价超跌和超涨走势。价格波动空间较大的情况下，指标走势不如价格波动大。这个时候，指标首先出现逆转走势，提示我们背离已经开始出现。背离以后，价格出现反转的概率就会很高。通常，非常明确的一次指标和股价背离形态，就会使得价格出现反转走势了，更不用说连续两次甚至三次背离形态出现的时候，我们更应该考虑逆向操作股票了。在相反方向买卖股票，我们可以把握最佳交易时机同时获得更好的买卖效果。

一、股价超跌

在股市突然看空的时候，股指短期表现出非常明确的杀跌走势，那么个股的下跌就毫无疑问地出现了。并且这个时候，股指跌幅越大，个股下跌空间也会更大。实际上，个股波动空间通常会达到股指波动空间的 2~3 倍。那么实战当中，我们发现个股出现暴跌走势就不足为奇了。根据股价连续杀跌的幅度和持续时间来看，短时间内暴跌的个股总会出现背离走势。也就是说，指标已经出现了回升但是股价却还没有企稳。我们可以根据背离确认首次建仓交易时机，把握好最佳买点。即便股价并未在背离后企稳，第二次背离后我们依然有机会二次建仓获得廉价筹码。

实际上，首次典型的背离出现以后，我们发现多数股票可以进入反弹阶段。并且，背离形态出现以后股价反弹空间较大，我们有机会获得比较好的收益。从投资效率来看，在背离后出现的反弹走势中，我们建仓后盈利的效率总会非常高。价格短时暴涨期间，我们很容易获得高达 50%的收益。

图 1-1 为华东数控日收盘线图。

要点解析：

（1）图 1-1 显示，我们发现股价在一个月内跌幅达 50%的时候，确认这是一次股灾形式的下跌。如此大的跌幅出现以后，高位持股并且没有减仓的投资者损失惨重。几乎可以断定的是，如果没有后续资金投入，即便股价反弹上涨，亏损的投资者中期也不可能将亏损找回来。

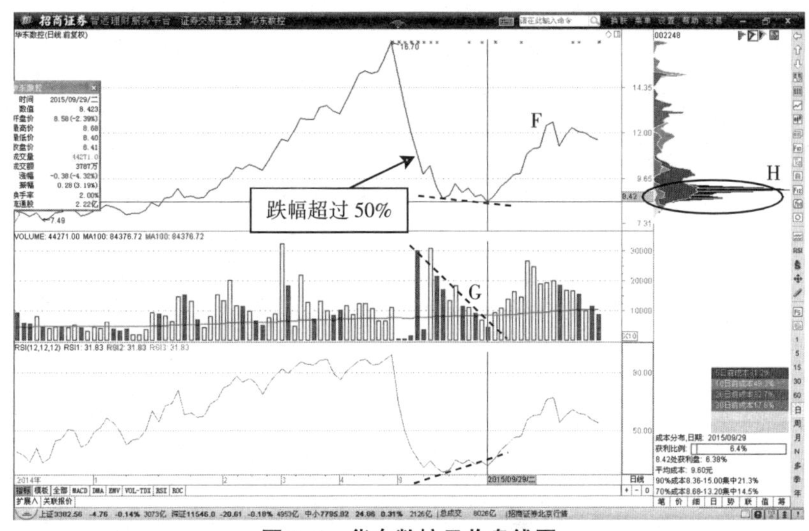

图 1-1　华东数控日收盘线图

（2）图中 RSI 指标率先回升提示我们股价已经与 RSI 指标背离。这种背离一定是股价超跌的信号，同时也是我们考虑买入股票的时刻。我们毫无疑问地确认这次背离是典型的建仓信号。因为股价杀跌后的背离走势连续形成，没有任何遭到怀疑的地方。与 RSI 指标背离相似，成交量的背离也出现在图中。

（3）量能在 G 位置明显萎缩的过程中，这是股价一字跌停以后难得的缩量下跌信号。量能萎缩至 100 日等量线的时候，价格难以继续回落。

（4）从筹码形态上看，价格与 RSI 指标底背离期间，图中 H 位置筹码呈现出单峰形态。这部分筹码峰区域成为大量投资者的持仓成本位。不过考虑股价非常接近筹码峰，投资者的亏损空间有限。我们认为这种大量筹码低亏损的状态是背离形态，提示我们价格即将回升。

总结：背离很容易出现在股价超跌以后，反弹行情就是在背离以后形成的。图中该股反弹至 F 位置的价格高位，涨幅达 40%。可见，价格超跌不仅引起了背离，也为我们短线交易提供了盈利机会。背离形态很容易理解和掌握，一旦我们充分运用背离提供的交易机会，自然获得丰厚的收益。

二、股价超涨

在股市突然看涨的时候，股指短期表现出非常明确的强势回升走势，那么个股的上行趋势也就非常明确了。并且这个时候，股指涨幅越大，个股上涨空间也会更大。实际上，个股波动空间通常会达到股指波动空间的 2~3 倍，而牛市当中股价涨幅可能更大。那么实战当中，我们发现个股出现暴涨走势就不足为奇了。根据股价连续暴涨的幅度和持续时间来看，短时间内暴涨的个股总会出现背离走势。也就是说，指标已经出现了回落但是股价却还没有见顶。我们可以根据背离确认首次建仓交易时机，把握好最佳卖点。即便股价并未在背离后下跌，第二次背离后我们依然有机会二次卖出股票减少持股风险。

实际上，首次典型的背离出现以后，我们发现多数股票可以进入下跌阶段。当前，强势股票会在第二次甚至第三次背离后出现回落。背离形态出现以后股价下跌空间较大，我们有机会大幅减少亏损。从投资效率来看，在背离后卖出股票的时候，我们总是能够第一时间规避风险。由于实战当中我们盈利空间可以很大，那么保住收益要比获得利润重要得多。事实上，我们保住了投资收益的时候，也就相应地减少了投资风险。

图 1–2 为恒邦股份日收盘线图。

要点解析：

（1）图 1–2 显示，我们首先看恒邦股份前期上涨空间，涨幅高达 170%。即便是有业绩支撑，股价一年内几乎翻两倍的涨幅也是很大的。那么大涨以后即便股价出现非常小的滞涨信号，也会反映在 RSI 指标回落的背离形态中。

（2）日收盘线图中，我们发现股价高位调整后继续回升空间不大，

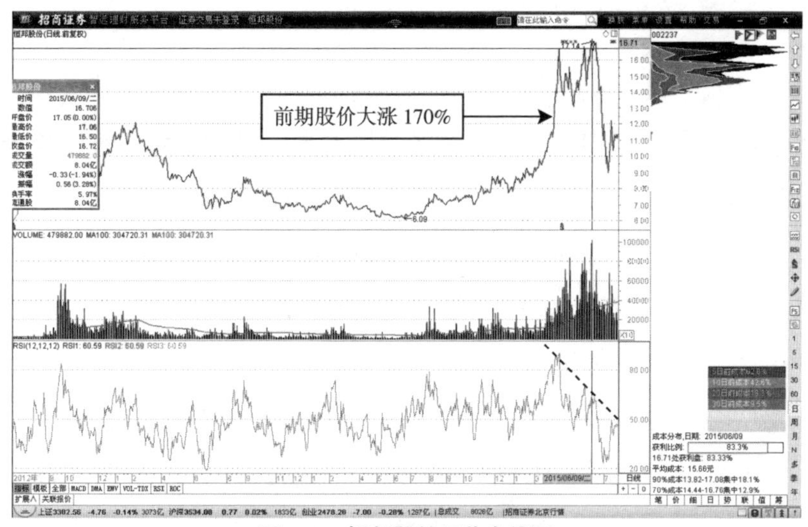

图 1–2 恒邦股份日收盘线图

RSI 指标明确的背离回调提示我们价格高位卖点形成。特别是随着 RSI 指标回调后即将跌破 50 日线，价格高位的卖点更加清晰可见。

总结：恒邦股份大幅上涨以后就已经出现了典型的背离形态，随后该股暴跌 40%以上，使得投资者大部分盈利消失殆尽。可见，我们不得不关注暴涨带来的背离卖点。背离是价格即将下挫的前兆，为我们提供了更好的卖出股票的机会。如果我们按照背离提供的交易机会调整仓位，就不会因为盲目持股而出现亏损。

第二节 多种背离情况分析

背离可以出现一次，当然多次背离也比较常见。首次出现背离以后，多数情况下股票会出现反转走势。少数股票走势较强，可以在第二次或者第三次背离以后出现逆转的情况。我们根据背离的次数确认买卖股票的规模，那么就可以更好地适应价格波动。

一、一次背离

在一次背离形态中，背离持续时间很短，价格短时间内就会出现逆转的情况。实际上，简单的一次背离经常出现在个股当中。因为多数情况下股价连续上涨或者下跌的空间不会太大，而价格波动空间加剧的时候，首次背离形态轻松出现。我们可以根据简单的一次背离确认交易机会，提升盈利空间。

通常一次背离出现以后，价格会出现明确的反转信号。比如在股价明显回落的时候，我们发现技术性的反弹走势出现在股价放量反弹期间。技术性的反弹很可能并非一次简单的回升走势。这种反弹可以在较长时间里延续，成为股价中期上涨行情的起始形态。那么我们根据背离确认的建仓价位就很低了，建仓之后我们有非常高的获利空间。

图 1–3 为南洋股份日 K 线图。

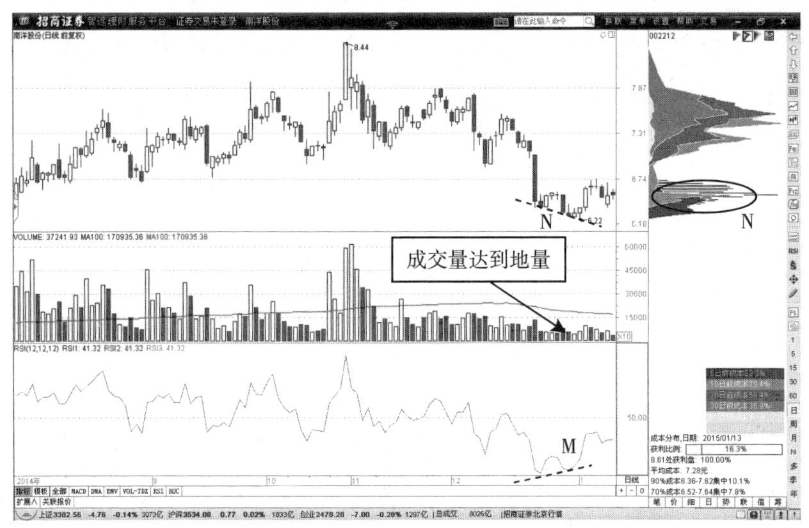

图 1–3　南洋股份日 K 线图

要点解析：

（1）图 1-3 显示，一次背离是比较好的确认交易时机的方式，多数股票都容易出现一次背离的情况。我们发现一次背离以后价格折返概率很大，选择在这个时候反向交易股票，通常都能够获得收益。该股在图中 N 位置小幅回落，而 M 位置却出现了企稳迹象，提示我们第一次背离已经出现。

（2）日 K 线图中，该股前期波动空间不大，股价跌幅有限的情况下，首次背离已经是价格转变运行趋势的时刻。

（3）图中 N 位置的筹码规模增加，但是套牢空间不大。该股短线背离的情况下，技术性反弹推动的价格上行有望出现。我们利用简单的一次背离确认买点，同样可以获得较好的收益。

总结：股价波动空间不大的情况下，当价格明显探底回升的时候，我们可以轻松确认一次背离的买点。一次背离简单明了，是短线行情结束时不错的买点。

图 1-4 为南洋股份日 K 线图。

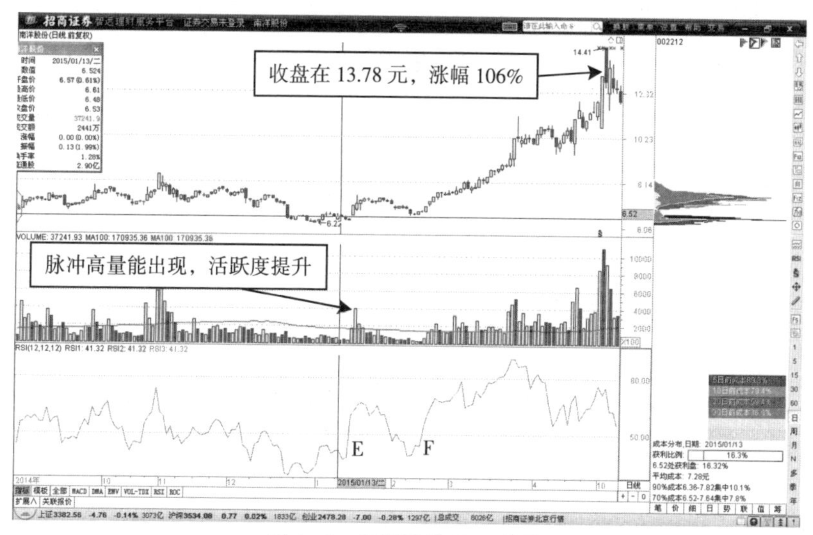

图 1-4 南洋股份日 K 线图

要点解析：

(1) 图 1-4 显示，日 K 线图中一次背离出现以后，该股就已经出现了放量信号。图中量能较大，并且以脉冲形式放大，推动价格脱离底部区域。行情发展到这个阶段，股价上涨趋势已经可以延续下来。

(2) 价格回升期间，图中 E 和 F 位置的 RSI 指标明显两次突破 50 日线，表明行情已经趋于稳定。该股在 RSI 指标处于 50 日线上方的时候，具备了进一步上行的基础。

总结：的确，利用简单的一次背离确认的买点非常到位，我们建仓之后的盈利空间高达 106%。背离出现在价格探底期间，简单的形态提供了更好的买点。我们利用背离选择建仓，更有获得高收益的潜力。

二、二次背离

在二次背离形态中，背离可以持续很长时间，而价格长时间内不会出现逆转的情况。实际上，简单的二次背离出现以后，个股反转走势出现的概率就相当高了。因为多数情况下股价连续上涨或者下跌的空间不会太大，而价格波动空间加剧的时候，二次背离就可以确认价格反转的点位。

根据二次背离确认交易机会的时候，我们对买卖时机的把握应该更加精确。确认两次买卖股票的数量非常重要。因为二次背离后价格短期依然延续了前期的趋势，我们一次性完成买卖动作显然是不现实的。那么分两次完成交易过程就非常重要了。这个时候，50%的资金用于一次背离交易中，就是比较有效而简便的方式。看似简单的将买卖股票的资金分为两次，我们就可以适应二次背离的交易过程，提升买卖股票的操作效率。

图 1-5 为武汉凡谷日 K 线图。

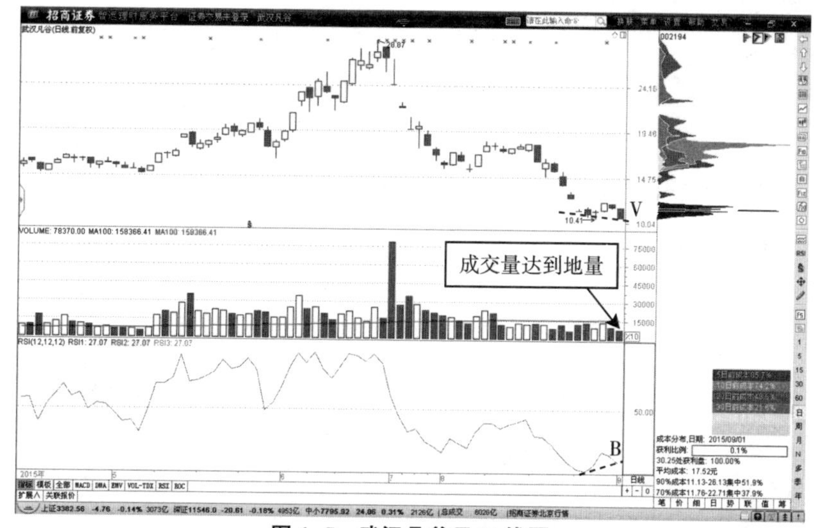

图 1-5　武汉凡谷日 K 线图

要点解析：

（1）图 1-5 显示，股价从高位连续下挫以后，跌幅已经超过 60%。超跌以后股价继续下跌的时候，我们可以发现 RSI 指标与股价形成底背离。B 位置的 RSI 指标已经抬高而 V 位置的价格收盘创新低，这提醒我们买点已经形成。

（2）从成交量来看，图中量能不断萎缩到地量的时候，价格下跌潜力已经不大。不过考虑到前期股价跌幅较大，股价背离次数可能会增多，我们可以在首次背离的时候少量建仓。以便应对即将出现的二次背离买点。

总结：在股价明显超跌的时候，价格跌幅越大，首次背离提供的买点越不确定。因为单边回落趋势中股价很容易再创新低。我们可以在首次背离的时候少量建仓。一旦出现二次甚至三次背离，我们依然有资金可以买入股票，这样就能够应对价格回落背离提供的建仓交易机会了。

图 1-6 为武汉凡谷日 K 线图。

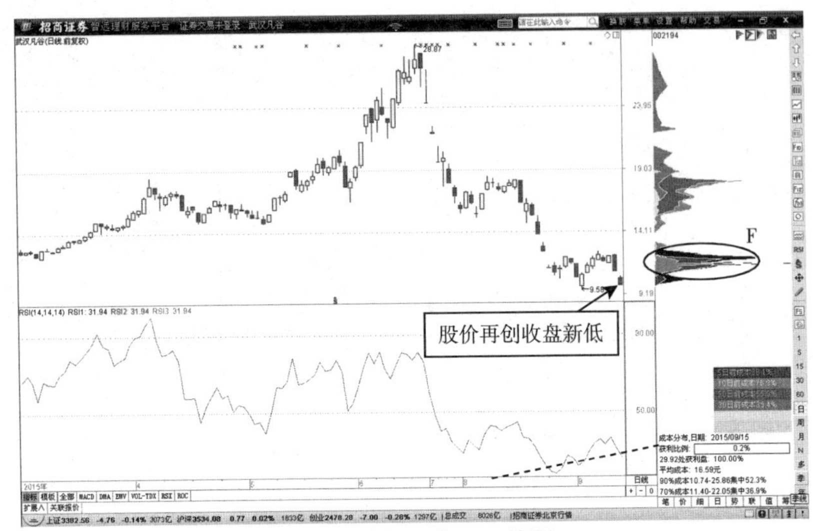

图 1-6 武汉凡谷日 K 线图

要点解析：

(1) 图 1-6 显示，首次背离以后，我们发现该股出现了再次回落的情况。不过股价收盘再创新高的时候，RSI 指标与股价第二次背离。第二次背离期间的价位更低，我们可以在更低的价位建仓买入股票。

(2) 从筹码形态来看，图中 F 位置的筹码规模很大，是非常明显的筹码峰形态。不过考虑到该筹码峰距离当前价位比较近，持股投资者虽然被套牢，但是套牢空间不大。相信两次背离以后，该股会出现明显的反弹走势。

总结：背离次数越多，股价收盘价格越低，我们买入股票的成本也会同步见底。考虑到该股下跌期间跌幅较大，两次背离以后，即便股价反弹也不会达到前期高位，上涨期间带来的回报也是惊人的。

图 1-7 为武汉凡谷日 K 线图。

要点解析：

(1) 图 1-7 显示，两次背离以后股价震荡回升，短期涨幅达 40%。虽然相比前期跌幅来看反弹空间不大，但是投资者适当建仓的盈利空间还是不错的。

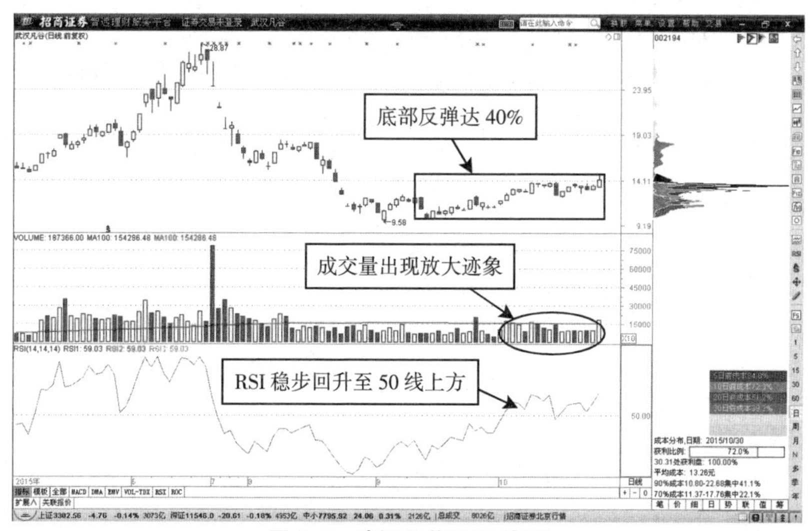

图 1-7 武汉凡谷日 K 线图

（2）从成交量表现来看，图中量能明显出现放大迹象。量能还未达到 100 日等量线上方，但是足以推动价格延续反弹走势。

（3）同期 RSI 指标背离回升以后，指标已经处于 50 线上方。我们确认指标表现强势，这是股价可以轻松上涨的重要基础。

总结：当指标与股价连续出现两次背离的时候，价格继续下跌的概率已经非常小了。即便在股价大幅杀跌后，二次背离以后的买点依然不容忽视。相比首次背离期间股价又一次创新低，我们持股成本相应回调，这有助于我们提升盈利空间。

第三节 如何检验背离的有效性

通常，相比日 K 线价格走势，周 K 线和月 K 线走势更加稳定，不容易出现异动。当我们检验背离有效性的时候，可以参考周 K 线和月 K 线的背离效果，确认价格是否已经接近反转。在周 K 线和月 K 线中，股价单边运行时间较长的时候，也会出现背离的情况，这与日 K 线图中的背离是一致的。我们认为通过分析周 K 线和月 K 线背离，就能够确认日 K 线背离的有效性。而既然日 K 线图中背离有效，我们确定交易机会就很容易获得成功了。

一、周 K 线背离

周 K 线图中背离持续时间不长，因为周 K 线图中 K 线数量更少，我们确认背离形态的时候更容易做多。周 K 线中背离形态出现以后，首次发现的背离就可以确认交易机会。通常，背离之后股价逆转的可能性很大。周 K 线图中很少出现连续两次背离形态，而我们可以更早一些完成交易过程。

图 1-8 为三全食品周 K 线图。

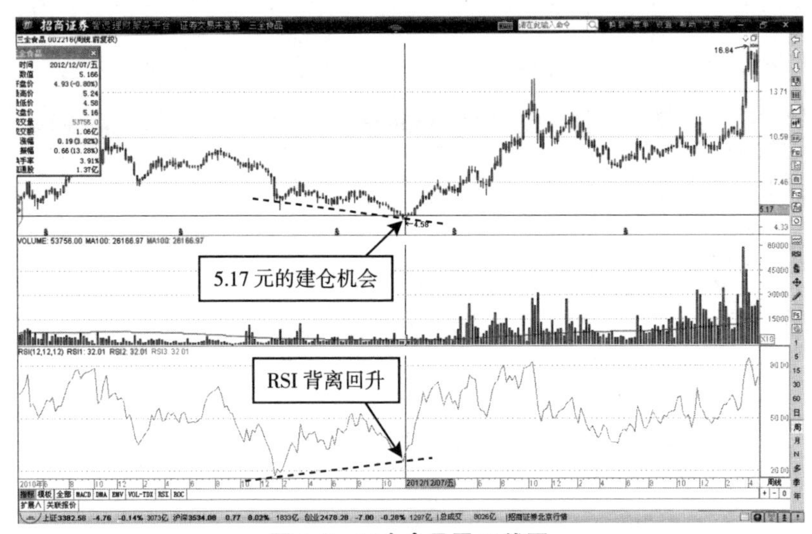

图 1-8　三全食品周 K 线图

要点解析：

(1) 图 1-8 显示，周 K 线图中股价与 RSI 指标首次背离期间，我们能够发现明确的交易机会。背离之后，我们发现股价反弹走势出现，

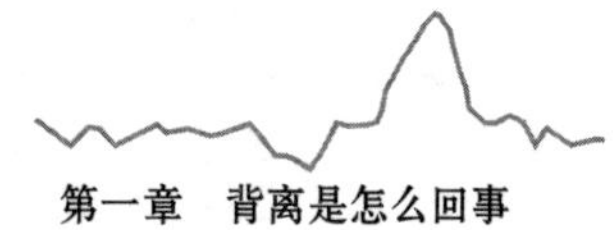

就可以首次确认背离期间的建仓交易机会。

（2）图中股价背离后的反弹阳线收盘在 5.17 元。也就是说，大阳线确认了该股的一个底部，也提示我们 RSI 指标反弹后背离正式出现。我们的建仓价位一定是在阳线收盘，也就是 5.17 元上方。

总结：轴线背离以后价格明显已经触底回升，我们确认买点的时候，投资效果还是比较好的。股价不会在周 K 线图中轻易出现二次背离，首次背离提供的买点不容忽视。

二、月 K 线背离

月 K 线图中背离形态出现以后，我们能够很快确认交易机会。月 K 线图中价格双向波动的概率并不大，单边趋势出现以后价格会按照既定的方向运行，直到反转信号出现以后，价格开始折返。

根据月 K 线图确认交易机会，价格首次背离以后出现反转的 K 线，我们认为是非常好的反转信号。通常，月 K 线图中股价折返以后，背离就已经在发挥作用。如果反转 K 线的波动空间不大，那么价格还未单边运行的时候，我们可以趁早采取行动，获得最佳的买卖效果。

图 1–9 为三全食品月 K 线图。

要点解析：

（1）图 1–9 显示，股价触底回升期间，BIAS 指标底部已经提升，表明指标与股价形成了底背离。这个时候，我们可以把握好价格低位的买入机会，以便在回升趋势中获得利润。

（2）在 BIAS 指标触底回升的时候，我们发现指标已经突破 0 轴线。这个时候，股价更容易出现回升的情况。特别是背离后我们买入股票很容易盈利。该股首次阳线确认底部以及背离形态的时候，阳线收盘在 5.7 元，相比周 K 线确认的 5.17 元高，我们更能够获得较低的

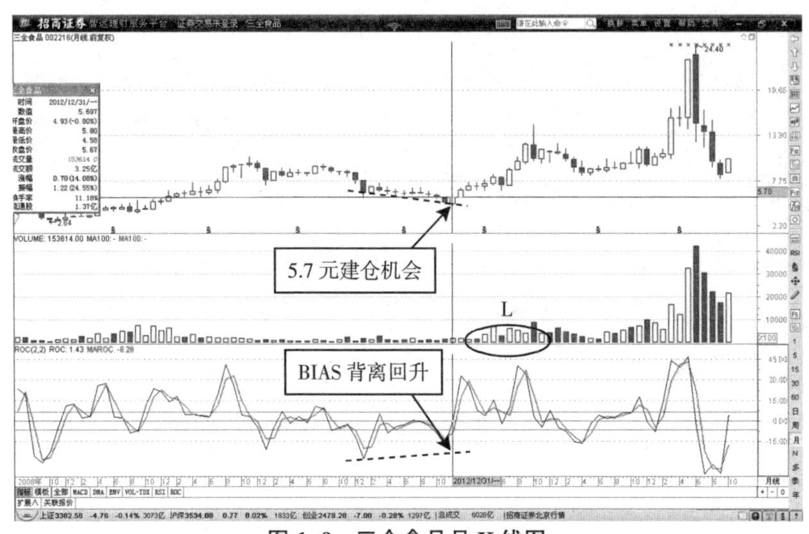

图 1-9　三全食品月 K 线图

建仓价位。

总结：确认月 K 线首次背离以后，我们建仓价位会高一些。因为月 K 线的价格运行时间更长，股价首次反弹确认反转的时候，交易机会也会更早一些出现。因此月 K 线相比周 K 线可以更好地检验背离的有效性，不过相应的建仓机会不会是最好的。

第四节　综合背离技术分析

当背离出现的时候，我们发现很多情况下背离是非常全面的，并非单一一个指标与股价的背离，还有量价背离、筹码背离等多种情况。综合分析多种形式的背离，有助于我们获得更好的投资效果。当然，确认了多种背离以后，我们可以发现交易机会出现的时候，我们按照既定的策略买卖股票，更容易获得成功。

一、顶部背离综合分析

顶背离期间，最简单的确认方法是确认指标已经走坏，我们可以第一时间发现价格无法继续上涨的背离形态。指标和股价背离以后，交易机会出现的概率很大。通过分析成交量的背离，我们可以检验指标背离的有效性。量能不会欺骗投资者，特别是成交量充分放大以后，萎缩的量能出现的时候，我们可以第一时间发现。一旦成交量开始萎缩，价格就很难延续回升趋势，那么量价背离的反转走势就会形成。

与指标背离和量价背离同时出现的还有指数和个股走势的背离、筹码形态背离。指数与股价走势相反的情况下，价格很难延续前期的运行趋势。在股指首先回落的时候，个股回升走势不会持续太久。并且指数下跌空间越大，个股回升空间越有限。股价暴跌个股上涨的背离形态持续时间很短，不过发现背离存在以后减少持股数量，我们就可以避免损失。

筹码背离也是一种看跌的形态，这种背离通常出现在大量筹码高位聚集而投资者盈利空间有限的时候。因为筹码集中度较高，价格又没有远离筹码峰对应的价位，那么多数投资者的盈利空间都有限。而股价这期间已经与指标和股指形成背离。我们不难想象，价格只要轻微下跌就会跌破筹码峰对应价位。到那个时候，被套牢的投资者疯狂抛售股票，股价自然会出现杀跌走势。可见，筹码背离也提供了非常好的交易机会，是我们把握好卖点的时刻。

图 1-10 为上证指数、三力士收盘线叠加图。

要点解析：

（1）图 1-10 显示，当实质上已经在图中 G 位置回调的时候，我们发现三力士走势还是非常强势的。该股短线上涨，并且已经与 MACD 指标形成背离。

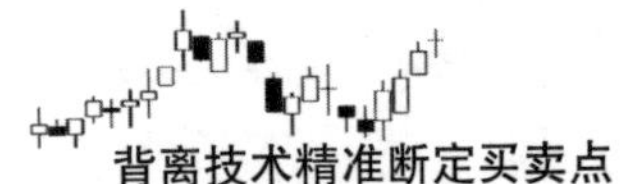

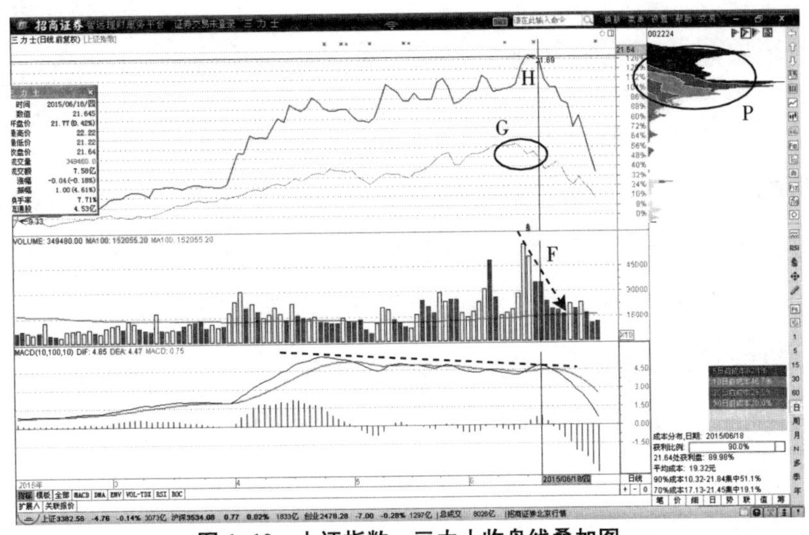

图 1–10　上证指数、三力士收盘线叠加图

（2）与此同时，我们发现该股继续回升期间量能在 F 位置显著萎缩，这是非常典型的量价背离形态。

（3）筹码表现来看，图中 P 位置的筹码规模非常庞大，大部分筹码都聚集于此。而价格短线表现强势的时候，筹码峰位置持股的投资者盈利空间非常有限。在背离的前提下，股价一旦跌破筹码峰，大量投资者必然快速亏损，股价杀跌走势很容易形成。

总结：我们分析三力士继续回升期间出现了明显的背离，有股价与 MACD 指标背离、股价与股指下跌趋势背离、量价背离和多数筹码低盈利状态背离。这四种背离形态中，任何一种背离都提供了卖出股票的信号。因此，综合性顶背离出现以后，该股短线出现了非常显著的杀跌，短线跌幅接近 50%。如果不是因为该股下跌期间停牌，这种跌幅短期显然不会结束。

二、底部背离综合分析

股价大幅杀跌以后，通过分析技术指标反弹回升走势，我们可以确认底背离的建仓交易机会。价格低位的底背离形态中，我们发现典

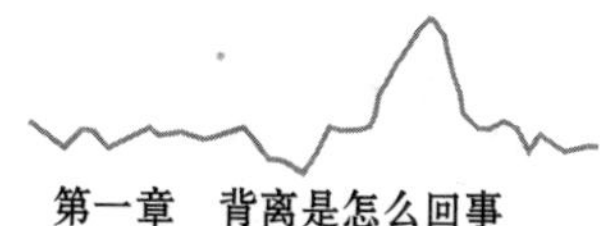

型的买点就出现在背离以后。股价很容易出现明显的回升走势，特别是背离形态出现的阶段。指标可以推断价格上行，而如果配合量能放大，我们就可以确认回升趋势。

成交量放大是推动价格上涨的重要因素，如果用 100 日等量线衡量量能大小，当成交量稳定在 100 日等量线的时候，我们认为放量是有效的。成交量有效回升的时候，价格活跃度很快提升。量能维持在 100 日等量线上方，价格会明显表现出强势。随着量能推动，股价继续上涨趋势得到加强。

图 1-11 为上证指数、奥特迅收盘线图。

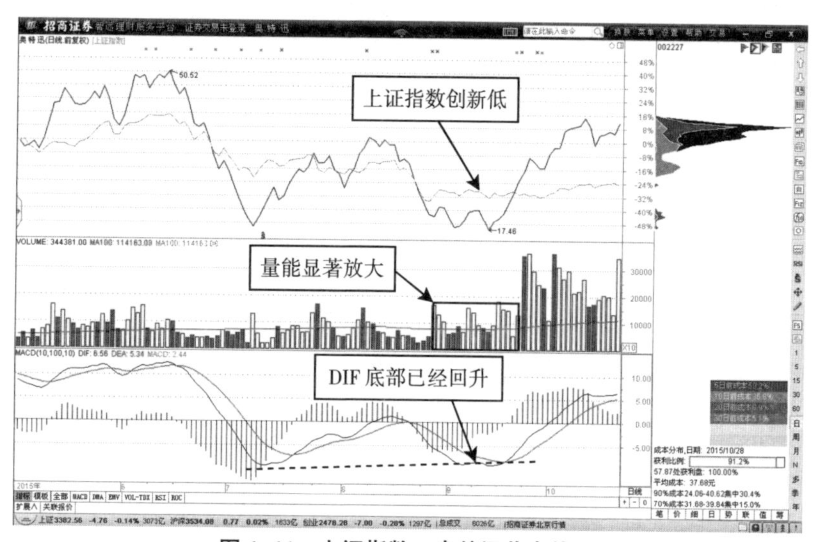

图 1-11 上证指数、奥特迅收盘线图

要点解析：

（1）图 1-11 显示，我们发现股指创新低的时候，奥特迅短线虽然回调，但是与前期收盘价格相似。而从图中成交量表现来看，量能明显处于放大状态，我们确认这是股价放量回升信号。量能放大以后，该股继续下跌空间已经非常有限。

（2）日 K 线图中，图中 MACD 指标的表现来看，DIF 线已经逆势回升。这样看来，MACD 指标已经与股价背离运行。MACD 指标首先确认了价格低点的反转位置，提示我们建仓交易机会已经出现了。

（3）当确认股价放量运行的时候，MACD 指标已经与股价形成背离。股指明显杀跌的情况下，该股下跌空间已经有限。这个时候确认的买点，使得我们可以获利接近 50%。

总结：综合确认股价底部背离以后，股价反弹走势毫无疑问会形成。股价双向波动的情况会在价格波动不大的时候出现。而大跌以后，价格在低位背离期间提示反转出现。那么背离期间的双向背离显然不会演戏，这个时候股价反转回升成为基本的价格走势。

第二章　最熟知的量价背离确认交易机会

当成交量和价格表现出一些不一般的变化时，我们可以通过量价背离确认价格异动，挖掘潜在的交易机会。通常，成交量放大期间股价上涨，而量能萎缩的时候价格下跌，这是比较正常的量价表现。而如果股价完成大阳线形态的时候却出现量能萎缩的情况，或者股价在放量阶段下跌，这是比较典型的异动了。量价异动是主力操盘期间的正常反应。本章介绍的关于缩量阳线、量平阳线、放量阴线、量平阴线、地量一字涨停板、放量十字星六种量价形式。我们根据这些量价形式确认卖点，就可以轻松获利。

第一节　缩量阳线

当成交量萎缩的时候，价格很难出现较好的表现。不过如果大阳线出现的时候量能的确出现了萎缩的情况，我们就需要特别小心了。实战当中，分时图中的成交量分布有很多种情况，如果量能分布在尾盘，那么这种放量拉升的走势可以出现在分时图中，但是日 K 线图中却表现为缩量阳线，这是我们关注的地方。

一、尾盘拉升缩量阳线

在分时图中，股价可以在很短的时间里冲击涨停价，这种快速拉升的走势并非主力有意做多，而是出于操盘目标采取的行动。如果仅从日 K 线价格表现来看，我们会发现明显的缩量涨停阳线形态。价格在量能萎缩的情况下涨停，显然不是追涨的机会。

股价尾盘涨停的时候，推动价格上涨的因素加强。由于尾盘股价走强期间抛售压力并不大，这个时候有很多投资者并未逃顶。不过接下来的交易日中，如果主力拉升意图不够明确，那么价格见顶的概率就很高了。我们应该把握好价格缩量涨停期间的卖点，在股价已经形成了缩量见顶阳线的时候减少持股数量，降低因高位持股带来的损失。

图 2-1 为刚泰控股分时图和日 K 线图。

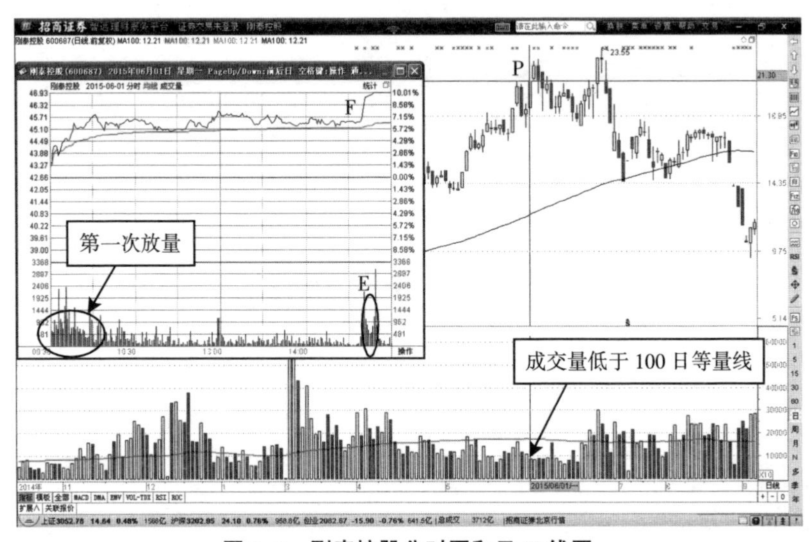

图 2-1　刚泰控股分时图和日 K 线图

要点解析：

（1）图 2-1 显示，我们发现分时图中该股开盘已经大幅回升，而

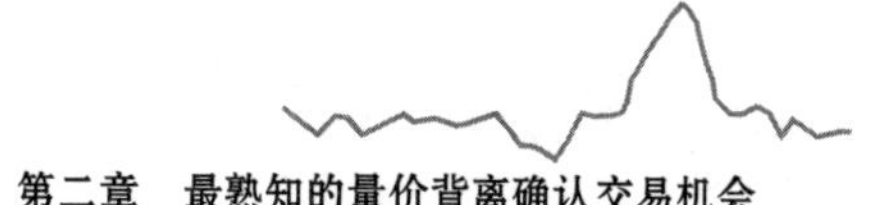

盘中量能已经显著萎缩。我们确认股价走势较弱，尾盘 E 位置的量能放大并不能推动价格加速上行。股价在 F 位置涨停以后，我们需要关注该股的回调风险。

（2）日 K 线图中，P 位置的大阳线已经处于价格高位。特别是阳线出现的当日，成交量明显处于萎缩状态，股价很难继续高位运行。我们可以利用价格缩量阳线出现的时候卖出股票，应对价格尾盘涨停的见顶信号。

总结：当我们通过分时图中价格走势确认了股价尾盘拉升以后，这种诱多的做法是主力为了出货采取的行动。日 K 线图中，股价表现为好看的大阳线形态。不过由于成交量明显不足，主力只是在尾盘强势介入的时候，股价很难单边上行。

二、高开拉升阳线

高开拉升涨停板的时候，主力拉升时间较短，投资者能够买入股票的时间也非常短。那么相应的日 K 线图中来看，股价虽然涨停，但是对应的量能却明显萎缩。我们确认分时图中拉升股价的资金非常庞大，这是股价快速涨停的主要原因。因此，接下来的交易日中股价表现自然也会非常强势。短期来看，股价高开涨停以后，价格可以在短时间内继续表现得非常强势。我们可以根据股价涨停的走势确认建仓交易机会，把握好买入股票的时机。

图 2–2 为海泰发展分时图和日 K 线图。

要点解析：

（1）图 2–2 显示，分时图中股价高开涨停的时候，该股开盘价已经上涨 7.55%。可见，主力有意拉升股价，以至于在开盘阶段就已经强势介入。从成交量来看，开盘阶段的量能达到天量，这成为推动价格涨停的因素。

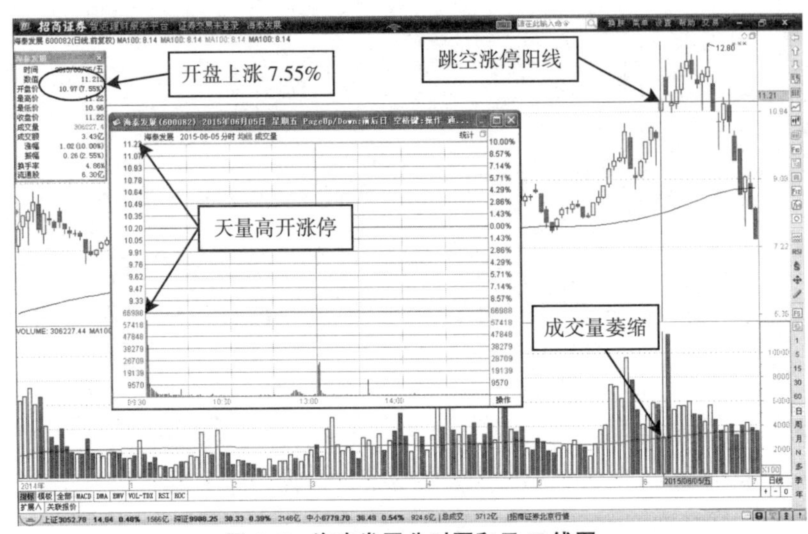

图 2-2　海泰发展分时图和日 K 线图

（2）从日 K 线图来看，我们发现成交量明显萎缩。即便如此，该股依然以涨停形式突破短线压力位。可见，主力拉升股价的意图明确，价格强势回升的过程中，短线持股机会自然出现。

总结：当我们确认股价以高开阳线回升的时候，表明股价回升趋势已经快速加强。这个时候，分时图中股价高开上涨，这是资金大举流入的信号。我们确认主力拉升意图明显，考虑在价格高开的过程中买入股票，自然提升盈利空间。

第二节　量平阳线

当成交量并不高的时候，价格表现会相对平稳。实际上，股价在温和放量的情况下最容易维持强势运行状态。不过考虑到量能不再放大，这种强势运行的价格表现不会持续太久。那么我们应该密切关注见顶信号，确认股价短线上涨遇阻的情况下减少持股，应对即将出现

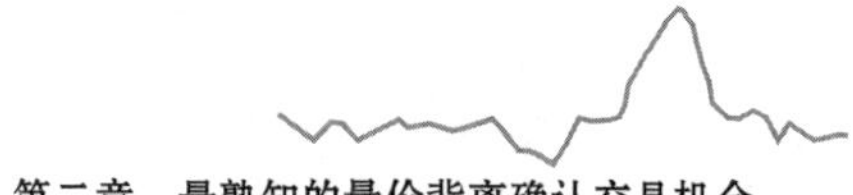

地调整走势。

一、分时图短线放量量平阳线

分时图中，我们发现成交量可以在开盘阶段集中放大。从成交来看，放大的过程持续时间不足半小时，但是这足以促使股价大幅回升。主力有意拉升股价上涨，却不能在盘中继续控制价格走势。以至于股价开盘后冲高回落，虽然开盘后涨停，收盘价格却没有涨停。分时图中股价弱势调整的走势出现，这成为价格见顶的重要信号。

图 2-3 为海越股份分时图和日 K 线图。

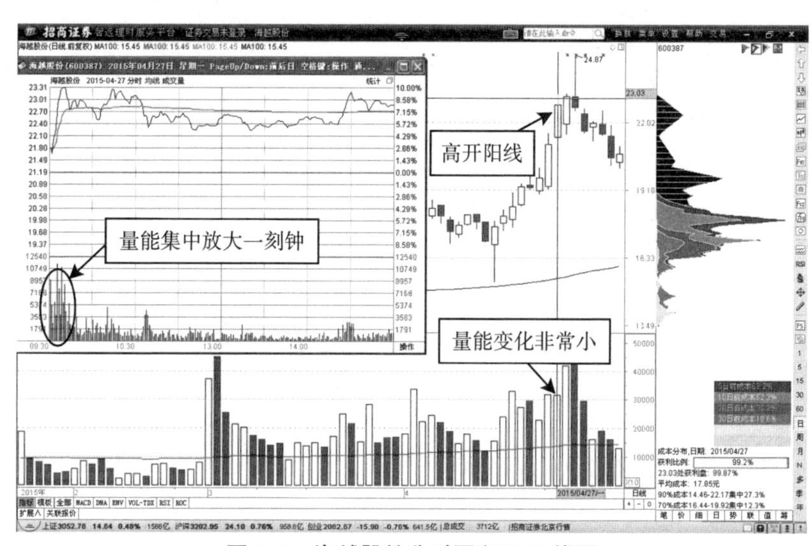

图 2-3　海越股份分时图和日 K 线图

要点解析：

（1）图 2-3 显示，当成交量在分时图中的一刻钟里放大的时候，我们确认该股走势较强。而对应的日 K 线图中，价格表现虽然较强，但是成交量并未放大。量能与前一个交易日非常接近，这成为显著价格表现的重要因素。

（2）当我们确认分时图中股价冲高回落的时候，我们很难想象缩量的情况下该股会继续走强。特别是主力资金看来后继无力，股价见顶的概率大大提高。我们应该更加高开阳线确认卖点，减少因为高位买入股票带来的风险。

总结：高开大阳线形态出现以后，成交量已经无法继续放大，这成为显著价格上涨的重要因素。实际上，我们应该根据无法继续放大的阳线确认该股已经见顶。我们不能继续盲目地买入股票，而是应该考虑尽快出货才行。

二、低开量平阳线

股价虽然在分时图中低开运行，盘中价格企稳回升，而日 K 线图完成了阳线形态，这是价格继续回升的信号。但是，如果成交量并未有效放大，而是出现与前一交易日相似的量能，这显然对价格上涨构成了压力。特别是在股价已经明显回升的时候，高位出现的第二根阳线提示我们价格无法强势运行。主力做多能力并不强大，那么我们确认股价会明显出现见顶的信号。

实际上，成交量的维持原位波动，表明量能与价格形成了背离。成交量不变的情况下股价实现上涨，这并不是回升趋势应有的表现。我们通过低开量平阳线确认价格见顶的出货信号，就能够很好地把握卖点了。

图 2–4 为上海普天分时图和日 K 线图。

要点解析：

（1）图 2–4 显示，当股价强势回升以后，短线高位出现了连续两根阳线。虽然价格持续回升，成交量却裹足不前，这是“量平价升”的背离形态，同时也是我们减仓卖出股票的交易机会。

（2）实际上，股价虽然收盘上涨，但是价格低开运行已经提示见顶信号。股价在低开的情况下完成阳线形态，量能并未明显回升，显

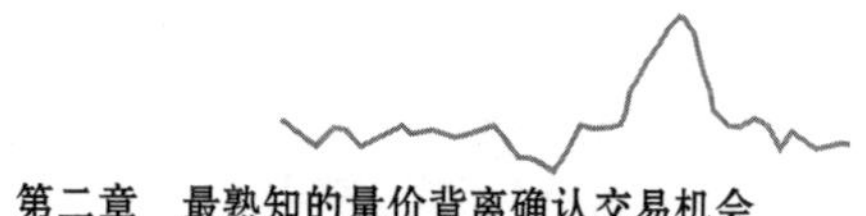

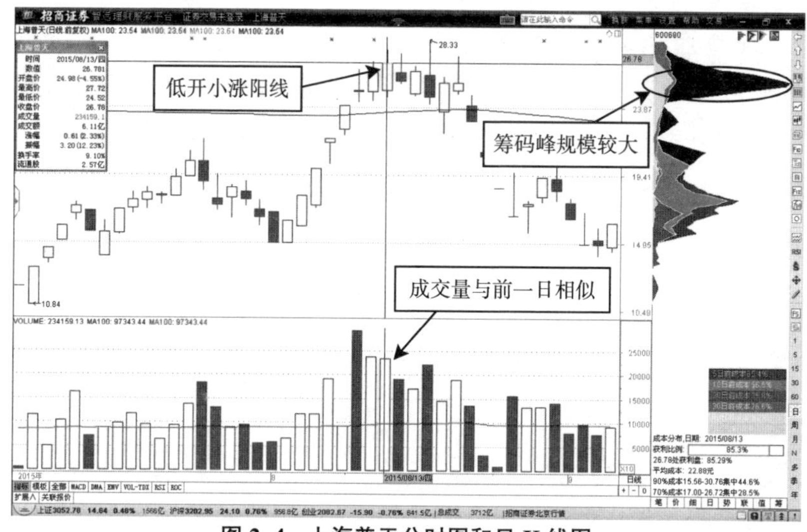

图 2-4　上海普天分时图和日 K 线图

示主力没有足够的资金拉升股价涨停。我们确认这是背离形态，是非常典型的减仓交易信号。

总结：针对价格高位出现的量平阳线，我们最佳的应对策略是减少持股数量，在卖出股票的同时关注价格表现。尽可能选择股价反弹的价格高位减少持股，降低因此带来的投资风险。

第三节　放量阴线

在正常的价格回调走势中，股价以缩量形式完成下跌过程，那么这是比较典型的量价表现。虽然股价下跌，但是量能萎缩以后抛售压力减少，价格在短时间内企稳的概率就非常高了。我们可以通过缩量阴线确认价格底部，选择买入股票的机会持股盈利。

一、洗盘期间的放量阴线

在洗盘期间，成交量有效放大的过程中会出现阴线形态，这是主力主动洗盘的结果。而实际上，洗盘大阴线出现以后，我们能够发现价格短线走低，但是持续时间很短，这也验证了我们关于主力洗盘的看法。

价格虽然下跌，却是主力主动打压的结果，那么这种洗盘动作具有很强的迷惑性。很多散户投资者认为这是价格难以继续回升的信号，而股价仅仅在主力打压期间回落，技术性反弹走势很快形成。随着股价调整延续，这种放量回落的阴线形态出现的次数不断减少。当浮筹指标 ASR 调整到 90 以上的高位时，真正的突破就会轻易出现，我们会发现典型的建仓交易机会出现在大阳线突破筹码峰的期间。

图 2-5 为新疆城建分时图和日 K 线图。

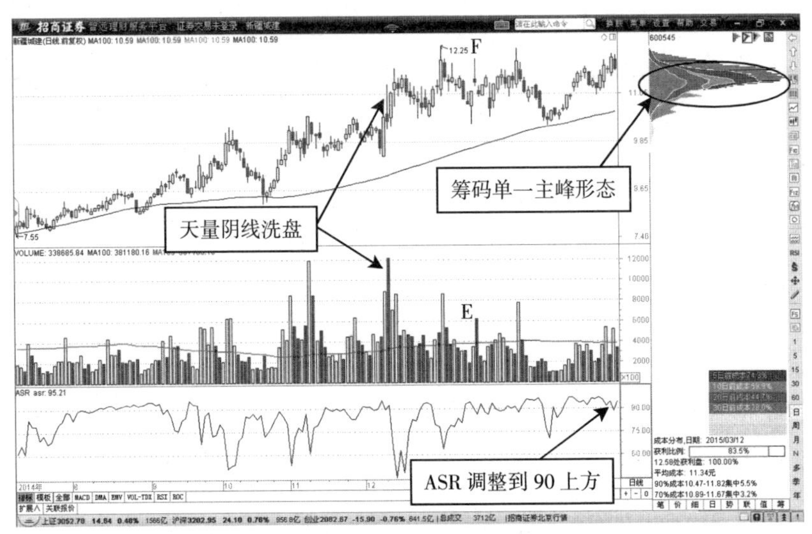

图 2-5 新疆城建分时图和日 K 线图

要点解析：

(1) 图 2-5 显示，当我们发现股价明显回升以后，图中价格高位

出现的阴线形态，被认为是主力洗盘动作。阴线出现的时候，量能明显出现放大，股价下跌空间非常有限。我们认为这是股价突破压力区时必要的洗盘动作。

（2）图中 F 位置的放量阴线形态同样是主力洗盘的结果，量能放大说明主力参与期间。股价并未在量能放大期间上涨，说明洗盘动作是真正在进行当中。

（3）通过分析 ASR 指标可以确认浮筹规模，当该指标达到 90 上方以后，我们认为浮筹规模已经很大，这是价格突破的最佳时机。而筹码峰已经形成单一的筹码形态，这也是调整结束的信号。在调整结束前，放量阴线都被认为是主力洗盘动作，同时也是我们继续持股的机会。

总结：价格突破筹码峰前，任何放量下跌阴线出现的时候，我们都不必惊慌。这种短线见顶的阴线具有很强的洗盘效果。如果我们依然持股，就可以等待主力洗盘结束以后获利了。

二、出货阶段放量阴线

在出货阶段，主力投资者必须卖出大量股票，才能完全退出持股状态。如果成交量没有有效放大，出货就无从谈起。实际上，主力投资者主动卖出股票的过程中，量能一定需要放大才行。那么放量阴线形态出现在价格高位，就成为洗盘的重要信号。我们确认主力已经在高位洗盘，而放量下跌的阴线是洗盘加速的信号。

通常，阴线形成的时候量能会出现萎缩，但是放量状态下的价格下跌更值得关注，这是股价再也无法在高位运行的结果。主力在连续放量出货的时候主导了价格下跌走势，价格跌幅越大，空头趋势中交易反弹可能性越小。我们早一些确认价格反转走势，就能够轻松规避股价调整。

图 2-6 为大西洋分时图和日 K 线图。

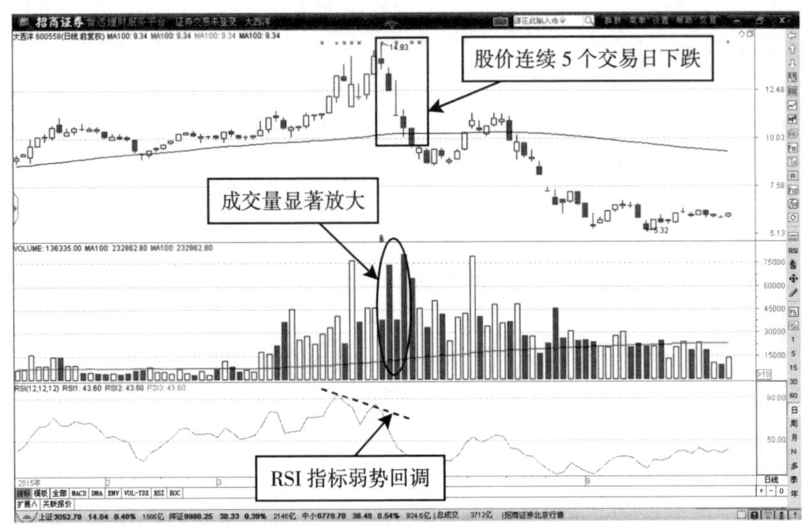

图 2-6 大西洋分时图和日 K 线图

要点解析：

（1）图 2-6 显示，连续 6 个交易日出现下跌阴线以后，该股已经以放量形式进入空头行情。股价难以逆转下跌趋势，这个时候，主力投资者是价格下跌的元凶。

（2）由于成交量明显维持高位，这也为资金实力较大的主力投资者减仓创造了条件。相比前期拉升阶段较小的成交量，价格高位量能较大，主力抛售股票期间的接盘者众多，筹码很容易转手。一旦主力完全抛售股票，价格自然倾泻而下。

（3）通过分析 RSI 指标，我们发现该指标已经出现了回调的情况，表明指标已经与回升的价格背离。RSI 指标与股价背离以后，该股放量下跌提示我们卖点形成。放量出现的阴线是比较典型的确认信号，是我们减少持股的关键形态。

总结：可以说，RSI 指标与股价背离首先确认了价格见顶信息。同时，放量阴线形态更确认了我们对行情逆转的判断。当我们减少持股数量以后，自然规避了价格回调风险。

第四节 量平阴线

量平阴线出现在价格高位，这是主力洗盘或者是出货动作。量能处于高位运行，阴线下跌表明主力有意做空。量能越大，价格下跌时间越长，主力出货的概率也更高。当我们确认主力操盘性质的时候，就可以把握住量平阴线出现时候的交易机会。

一、暗中出货阶段量平阴线

当股价处于高位的时候，成交量维持较高的位置，为主力投资者减仓提供了便利条件。量能越大，主力出货期间买盘越大，减仓的价位也会相对较高，这有助于主力以盈利的状态卖出股票。

一般认为，量平价跌的阴线形态是背离信号，提示我们股价可能会继续下挫。成交量比较平稳，主力出货期间散户投资者接盘踊跃，这种情况下的减仓交易动作更容易获得成功。一旦主力减仓完毕，价格下跌趋势得到加强，到时候量能会出现萎缩。主力放量减少持股数量以后，价格下跌趋势得到确认，散户投资者割肉速度不会很快，这是股价缩量下跌的重要原因。量能萎缩越是明显，散户投资者越是不可能完全出逃，价格下跌空间就会增加。

图 2-7 为金自天正分时图和日 K 线图。

要点解析：

（1）图 2-7 显示，在价格高位运行期间，成交量明显维持高位，这是主力出货的信号。

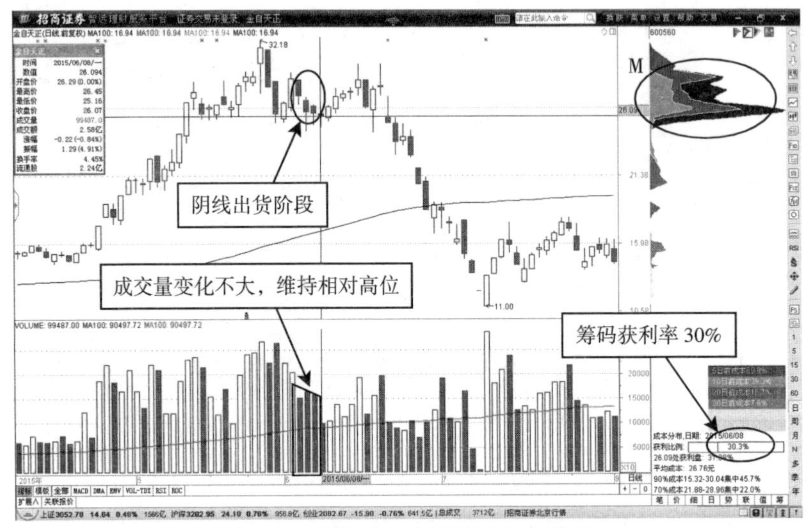

图 2-7　金自天正分时图和日 K 线图

（2）通过筹码形态判断，我们发现价格高位的筹码规模较大。图中 M 位置筹码被跌破以后，价格难以维持高位运行。

（3）从筹码获利率来看，仅有 30%的筹码获利，表明主力投资者已经成功出逃。股价继续下跌，只能将散户投资者的成本跌破。

总结：可见，我们确认量平阴线是主力减仓出货的信号，同时也是我们卖出股票的机会。我们持股的时间越短，应对价格下跌就越容易获得成功。量能高位运行的时候，主力轻松完成减仓动作。接下来的时间里，股价弱势反弹却难以大幅回升，表明行情已经改变，股价下跌难免。

二、洗盘期间量平阴线

在主力洗盘阶段，量能稳定但是股价却出现了阴线下跌的情况。放量状态下的阴线成为价格回升期间重要的调整形态，该形态不会改变回升趋势。从洗盘效果来看，主力洗盘阶段量能平稳放大，但是阴线形态却很快出现。从价格完成阴线的程度看，一定是具有很强打压效果的阴线。这种放量阴线最容易成为迷惑散户投资者的调整形态。

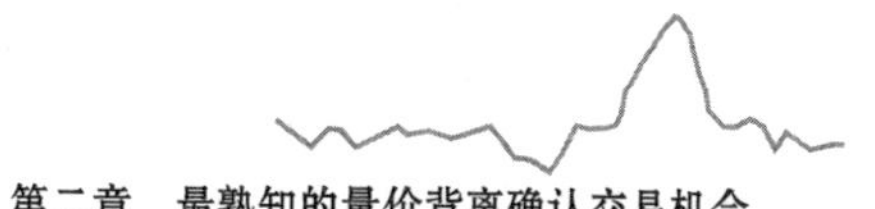

该形态出现在短线高位，我们应该做好应对准备。虽然不必大量出货，但是应该做好短线买入股票的准备。一旦股价调整到均线支撑位，我们考虑短线介入就可以获利。

图 2–8 为精达股份分时图和日 K 线图。

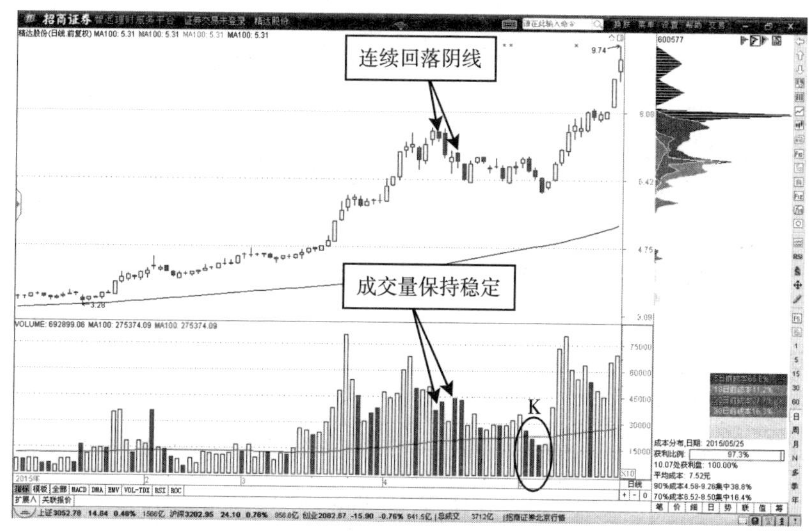

图 2–8 精达股份分时图和日 K 线图

要点解析：

（1）图 2–8 显示，连续出现阴线形态的时候，价格高位见顶压力增大。我们确认这种放量期间出现的阴线形态，一定有主力参与其中。量能维持高位运行，主力有机会卖出股票。不过，这一次量平下跌阴线却很难长时间延续，仅仅是短暂的回调而言。

（2）图中 K 位置的量能明显萎缩的时候，量能萎缩到 100 日等量线下方，这是股价调整到位的信号。同时，股价短线下跌的空间已经很小，我们有机会采取建仓动作并且获得收益。

总结：如果我们对价格回调的走势抱有希望，那么主力洗盘力度不应太大。价格短线以比较大的量能出现下跌阴线，价格跌幅不大，确是典型的洗盘形态。

第五节　地量一字涨停板

当股价出现一字涨停板的时候，成交量是萎缩状态。这是因为，分时图中价格涨停速度很快，短线抛售压力不足以改变价格回升趋势。那么价格始终维持在涨停价位，这就限制了股票成交数量。量能成交较小，却不是说明价格不会有上涨迹象。相反，这种看似缩量涨停的价格走势具有很强的持续性。

一、卖盘极小的一字涨停板

当股价一字涨停的时候，抛售压力相比买盘已经很小，做空投资者很难改变价格涨停节奏。特别是股价已经长时间停牌以后，价格有很强的补涨需求，那么一字涨停板的出现，仅仅是价格上涨的起始点。虽然量能明显萎缩，在缩量中完成的涨停趋势却不会轻易结束。我们的判断从分时图中可以发现，股价涨停期间买盘非常强大，这是价格维持涨停状态的主要原因。

买盘很大，股价很难从涨停价位回落，这是追涨非常困难的原因。日 K 线图中出现地量一字涨停板形态，看似是量价背离情况，却不会因为背离结束回升趋势。涨停板出现的次数很多，我们可以发现继续持股的盈利空间在增大。

图 2-9 为光明乳业分时图和日 K 线图。

要点解析：

(1) 图 2-9 显示，股价一字涨停板前已经停牌长达 3 个月。而开盘以后该股一字涨停，成交量也达到地量状态。我们确认这种地量是

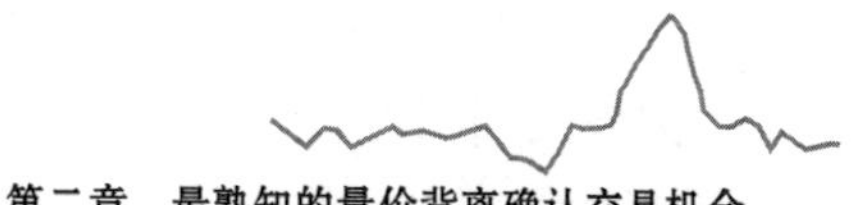

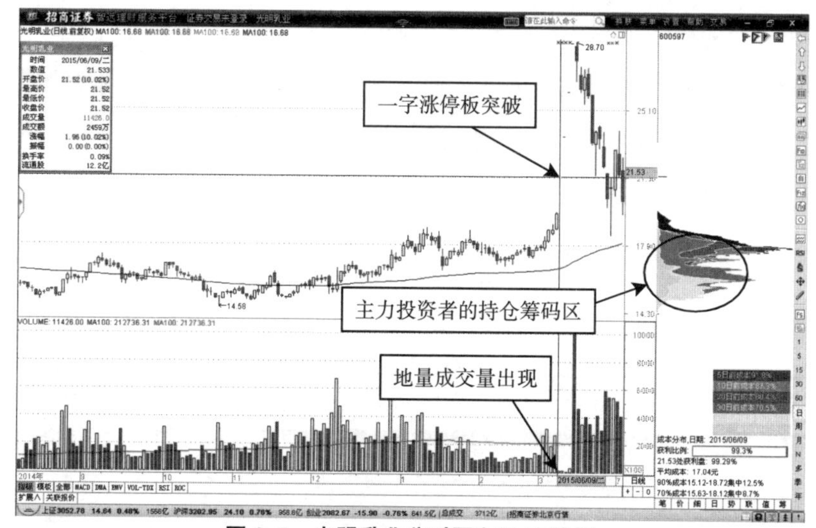

图 2-9　光明乳业分时图和日 K 线图

由于买涨资金非常强大，而抛售压力不足导致的结果。主力投资者一致看涨该股，才造就了该股的补涨行情。

（2）从筹码形态来看，图中股价涨停前的筹码规模较大。这部分筹码相当集中地分布在相对高位，这为价格上涨提供了机会。我们判断这种筹码密集存在的价位是主力投资者的重要持仓成本区。股价一字涨停前主力持仓成本不高，这也为价格上涨提供了机会。

总结：如果我们已经确认股价具有补涨前景，那么价格一字涨停的时候，我们的买涨机会就非常少。地量状态的价格走势看似是量价背离的表现，实际上，追涨的散户投资者没有办法在涨停价位买入股票，这才是量能萎缩的根源。这种缺乏买盘的一字涨停走势会持续下来，直到股价打开涨停板。

二、主力拉升意图的体现

一字涨停板出现的时候，表明主力拉升股价的意图更加明显。价格虽然已经出现一字涨停板走势，但是随后打开一字涨停板以后，股价回升趋势不会结束。那么我们可以根据一字涨停板确认主力的拉升意图，提高持股的同时增加投资收益。

如果我们买入股票的价格合理，那么考虑在一字涨停板出现以后增加持股数量，这是非常明智的做法。因为随着主力控盘不断持续，价格可以长时间维持上涨趋势。主力每一次以一字涨停板拉升股价的时候，交易机会都会相应地出现。我们确认一字涨停板的缩量涨停走势是量价背离形态，同时也是股价上涨的基础。

图 2-10 为泛海建设分时图和日 K 线图。

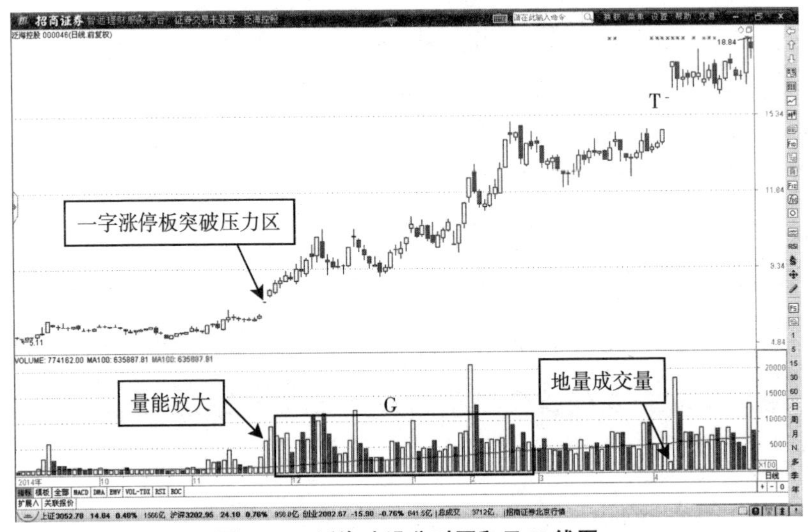

图 2-10　泛海建设分时图和日 K 线图

要点解析：

（1）图 2-10 显示，当股价明显放量回升的时候，我们发现一字涨停板成为主力控盘加速的信号。图中跳空一字涨停板出现以后，量能放大，这给很多散户投资者介入的机会。图中 G 位置的矩形区域中，成交量处于显著的放大状态。量能可以维持在 100 日等量线上方，表明该股回升趋势已经得到加强。

（2）当股价回升到高位以后，图中量能萎缩期间的 T 位置的涨停板走势不容忽视。股价以第二次一字涨停板突破压力区，成为价格继续走强的推动因素。

总结：在价格进入回升趋势的起始阶段，成交量可以出现非常明显的放大。一字涨停板出现以后，我们确认股价已经很难维持弱势状态。主力加速介入的过程中，一字涨停板成为股价加速上涨的信号，同时也是我们接下来加仓买入股票的机会。

第六节　放量十字星

多空争夺期间，成交量可以维持高位运行，这是主力投资者深度介入的信号。因为主力投资者深度介入，股价可以维持非常强的运行状态。我们可以根据成交量确认价格的活跃程度，判断价格今后的运行方向。十字星形态是比较典型的多空争夺形态。十字星的涨跌空间有限，但是成交量却维持高位运行，这是明显的量价背离信号。我们通过放量十字星确认价格反转的机会很容易获得成功。

一、多空争夺见顶前的放量十字星

从日 K 线来看，如果成交量放大的时候阴线十字星出现，那么多空争夺已经非常激烈。阴线十字星出现在价格高位，很容易成为价格见顶的反转形态。据此，我们判断接下来的做空交易机会就不难了。

在多空争夺期间，价格波动空间虽然较大，但是收盘价格涨跌空间并不高。这是因为，股价难以在短时间内确认运行方向。不过接下来的交易日中，十字星可能已经成为价格反转的推动因素。如十字星出现在价格高位，是股价大幅回升以后的典型反转形态，那么我们就需要关注接下来的股价下跌趋势了。在价格还未大幅杀跌的时候减少持股，这是我们获得收益的关键。

图 2-11 为华北制药分时图和日 K 线图。

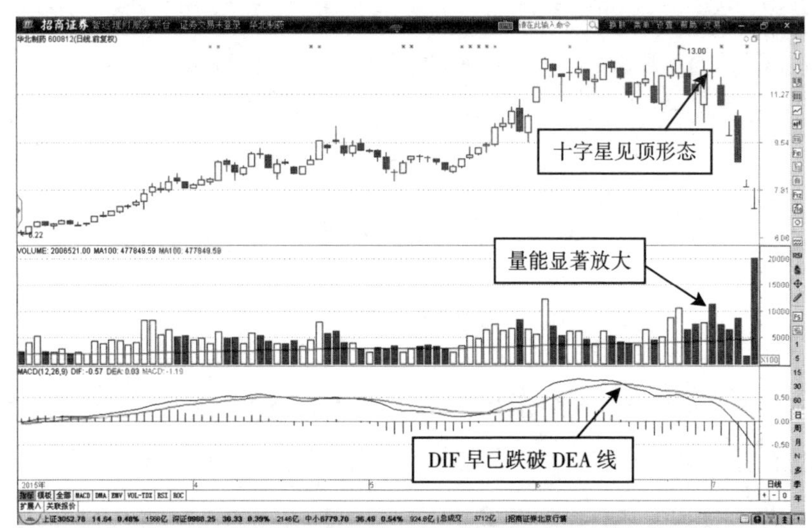

图 2-11 华北制药分时图和日 K 线图

要点解析：

（1）图 2-11 显示，股价大幅回升以后，价格高位已经出现了横盘运行的迹象。而放量十字星的出现，恰好是股价大跌前的提示信号。我们可以通过十字星来确认顶部形态，判断接下来的价格运行方向。

（2）通过观察 MACD 指标，我们发现 DIF 线早已跌破了 DEA 线，这是短期均线开始向长期均线靠拢的信号。这个时候，说明股价已经开始走弱。而放量十字星出现以后，多空争夺已经非常激烈。考虑到该股已经无法继续回升的现实，我们确认股价已经成功见顶。

总结：当我们发现放量十字星出现在股价高位的时候，确认这种见顶形态并非难事。十字星形态出现在顶部区域，成交量显著放大表明主力已经开始做空。接下来价格下跌便是这种趋势延续的体现。

二、洗盘阶段放量十字星

在主力洗盘阶段，放量十字星形态也会出现，这并不是股价见顶的信号，而是主力操盘期间正常的价格回调。从回调力度来看，十字星的下影线越长，股价下跌空间越大。我们发现，如果股价在分时图中跌幅过大，显然主力有出货嫌疑。考虑到价格处于回升趋势，我们确认价格已经见顶还需要时间。

实战当中，我们可以在放量十字星出现以后减少持股数量。虽然股价并未下跌收盘，但是成交量明显放大表明主力已经参与其中。既然主力已经参与进来，而股价却在宽幅震荡中完成十字星形态。这根十字星是非常典型的量价背离形态，是我们确认减仓的时刻。

图 2–12 为华发股份分时图和日 K 线图。

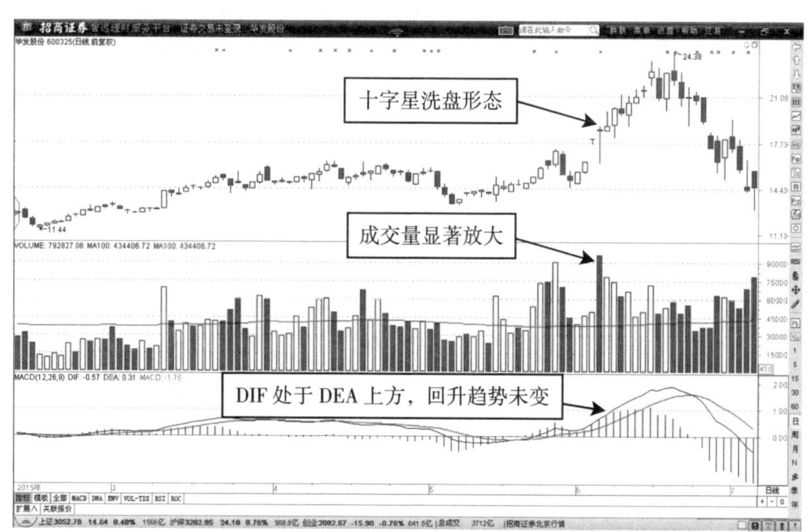

图 2–12　华发股份分时图和日 K 线图

要点解析：

（1）图 2–12 显示，当股价放量回升的时候，我们发现该股涨停以后出现十字星形态，同时成交量也达到相当高的位置。我们确认这是主力洗盘的结果，但是考虑到十字星的下影线很长，主力洗盘过程中价格跌幅显然过大了。考虑在这个位置减少持股，还是非常必要的。

（2）从 MACD 指标来看，DIF 线依然运行在 DEA 线上方，表明均线向上发散趋势未变，股价依然维持在上升通道。

总结：MACD 指标提示我们价格依然在回升，但是放量十字星出现以后，股价上涨趋势得到抑制。我们判断这不仅是量价背离形态，而且是主力开始暗中出货的信号。我们可以减少 60%的持股，以便应对即将到来的调整走势。

第三章　最常用的指标背离

技术指标与股价的背离形态，被认为是用途非常广泛的形态。我们可以通过指标与股价背离确认价格折返的位置，在背离期间把握交易机会，提升盈利空间。如果我们按照背离提示的交易机会操作，行情出现前，我们就已经采取了行动。这样，就避免了股价反转以后被动追涨杀跌的交易策略。

本章通过分析均线指标 MACD、超买超卖指标 RSI 以及价格波动强度指标 BIAS，确认指标和股价背离期间的交易机会，提示投资者潜在的盈利。一旦我们按照背离提供的交易机会买卖股票，自然减少了盲目的追涨杀跌，提升股票交易期间的精确度。

第一节　指标周期设置对背离有效性影响

计算周期不同，技术指标表现出来的背离也有所不同。计算周期较长的指标，在价格异动期间更加稳定，不会轻易出现背离形态。而计算周期稍小的指标，可以在股价双向波动的时候出现明显的波动。也就是说，继续按照前期的运行趋势运行的时候，指标已经开始反向运行。这虽然不是股价马上转变运行趋势的信号，却也提醒投资者，股价即将出现反转走势。我们关注股价反转走势，就应该把握好指标背离的交易机会。

一、MACD（10，60，9）的长周期设置

MACD 指标用于描述不同周期的两条均线的交叉情况和发散趋势。当 MACD 指标的 DIF 线突破 0 轴线的时候，表明两条均线已经完成金叉并且向上发散，提示投资者价格回升趋势得到延续。而 DIF 线跌破了 0 轴线的时候，说明均线已经完成死叉形态并且向下发散。

实战当中，我们可以根据 DIF 线的走向确认股价的运行趋势，决定今后的交易方向。通常，DIF 线与价格运行趋势相同，只有少数时间里会出现背离形态。因为股价单边运行时间较长，并且价格已经累计实现较大的波动（上涨或者下跌）空间，指标已经不能继续前期的趋势。那么股价还未反转而 DIF 线首先折返的情况便是背离形态了。

我们认为计算周期为（10，60，9）的 MACD 指标是相对长期的指标，该指标走向相对稳定，并不容易形成背离形态。而如果是计算周期为（10，60，9）的 MACD 与股价形成背离，那将是非常典型的卖点。

图 3–1 为亚太实业日 K 线图。

要点解析：

（1）图 3–1 显示，当股价明显回升见顶的时候，该股在 4 个交易日中出现了两个顶部形态，图中 G 是第 1 次见顶，H 位置是第 2 次见顶。

（2）在股价见顶回落的时候，我们观察计算周期为（10，60，9）的 MACD 指标也出现了类似的见顶情况。图中 G 位置的价格高位出现的时候，MACD 指标首先见顶回落。接下来 H 位置股价再创新高，而

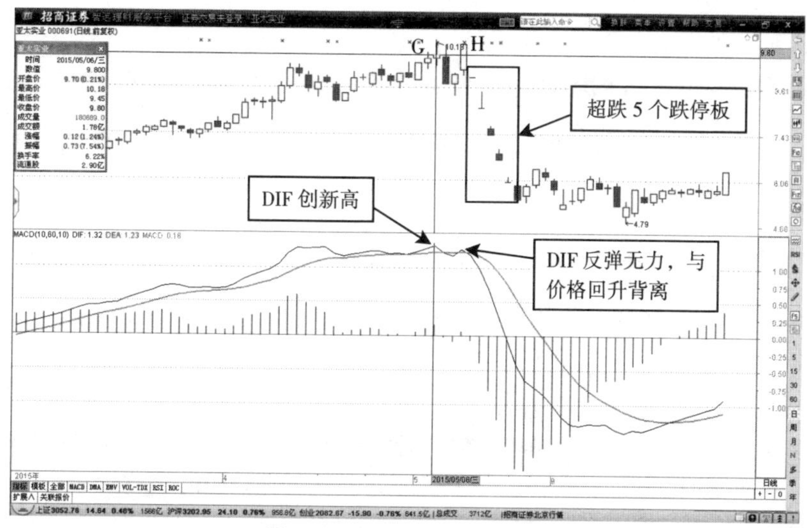

图 3-1 亚太实业日 K 线图

MACD 指标的 DIF 线却反弹乏力，表明 DIF 线的回落与价格回升形成背离。那么我们就可以确认 H 位置的价格高位卖点了。

（3）从后期的下跌趋势来看，该股连续 5 个交易日出现一字跌停板走势，股价超跌达 60%以上。我们确认 MACD 指标很好地提示了我们顶部卖点。计算周期为（10，60，9）的 MACD 指标与股价的背离是非常有效的，首次背离就告诉我们明确的做空机会。

总结：计算周期为（10，60，9）的 MACD 指标描述了周期为 60 日的均线与周期为 10 日的均线的差值变化。由于 10 日均线与 60 日均线距离较远，对应的 MACD 指标的 DIF 线变化速度较慢。而本例中，DIF 线与股价首次背离就提示了卖点，这表明指标非常有效。

二、MACD（12，26，9）的短周期设置

计算周期为（12，26，9）的 MACD 指标是周期稍短的指标，该指标提示投资者背离交易机会的时候，不像计算周期为（10，60，9）的 MACD 指标那么有效。因为指标计算周期稍短，在实战当中 MACD（12，26，9）的背离更容易出现。不过由于计算周期为（12，26，9）

的 MACD 指标比较常用，我们依然对该指标的有效性进行分析。

在股价见顶的过程中，酝酿中的顶部形成持续时间较长，我们会发现价格在很长一段时间里才能够完成顶部反转形态。那么我们可以根据 MACD 指标的背离过程确认卖点。计算周期为（12，26，9）的 MACD 指标与股价背离次数可以达到两次。第二次背离出现的时候，我们考虑卖出股票，可以有效地规避价格反转带来的损失。

图 3-2 为亚太实业日 K 线图。

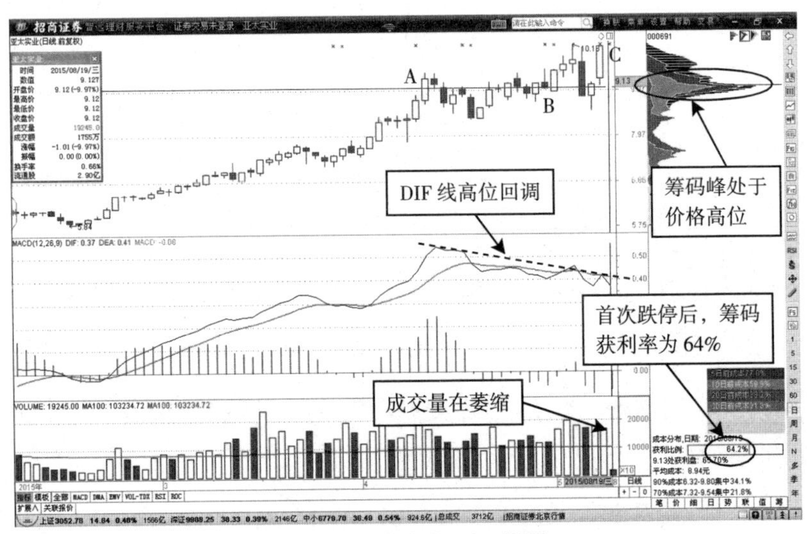

图 3-2 亚太实业日 K 线图

要点解析：

（1）图 3-2 显示，股价在 A 位置明显达到顶部以后，对应的 MACD 指标的 DIF 线也达到高位。接下来，股价继续在 B 和 C 位置见顶，同期 MACD 指标出现两次不断回调的顶部。

（2）可见，我们仅分析 MACD 指标，就能够很好地确认背离形态提供的卖点。不过这一次 MACD 指标两次与股价背离以后，卖点才真正地出现。可见，MACD（12，26，9）相比 MACD（10，60，9）更加灵敏。与此同时，MACD（12，26，9）指标的有效性要差一些，我们必须过滤掉一些假的背离形态卖点，才能更好地把握价格高位的清仓时机。

（3）从筹码峰的表现来看，价格见顶之时筹码主峰出现在顶部区域。而图中筹码获利率为 64%，价格已经接近跌破筹码主峰。结合筹码形态和背离形态，我们可以确认价格见顶位置。

总结：对比 MACD（12，26，9）和 MACD（10，60，9），我们确认后者的有效性更好。在背离首次出现的时候，价格高位的卖点就已经形成。而 MACD（12，26，9）的波动性更大，指标更容易与股价出现高位背离，有效的背离在第 2 次确认时才更加有效。

第二节　MACD 指标的 DIF 线、柱线背离

在股票交易当中，能够把握价格高位卖点的投资者操盘策略会更胜一筹，并且相比会买的投资者更能够获得高收益。会卖股票的投资者一定是在股价大跌前出货，那么出货前非常重要的参考指标便是 MACD 指标与股价的背离形态。背离形态出现在价格见顶前，是非常难得的价格见顶形态。如果该形态提示的股价无法继续回升，我们可以认为卖点已经形成，减仓甚至清仓卖出股票都是不错的选择。

一、MACD（10，60，9）的柱线背离

由于 DIF 线是不同周期两条均线的差值表现，而 MACD 指标的柱线则是 DIF 线平均线的差值，同样提示我们指标的走向。当柱线回升期间不能继续创新高的时候，我们确认这种柱线率先回落的情况与股价再创新高的走势形成背离，这是我们卖出股票的机会。实

际上，MACD 指标的柱线与股价高位背离以后，我们应该考虑减少持股。至少卖出 60%以上的股票，才能更好地应对价格下跌。特别是计算周期为（10，60，9）的 MACD 指标高位回落以后，我们更应该卖出股票。

实战当中，MACD 指标的柱线与股价背离以后，这种背离会持续几个交易日。我们发现这种背离持续时间越长，典型的价格高位卖点更容易确认。价格会明显在背离形成出现以后快速大幅杀跌，这是我们需要提前预见到的走势。在很多时候，背离形态都会成为价格最终突然回落的起点。突然出现的大跌并非意料不到，而是因为我们没有重视指标与价格的背离形态。

图 3-3 为旗滨集团日 K 线图。

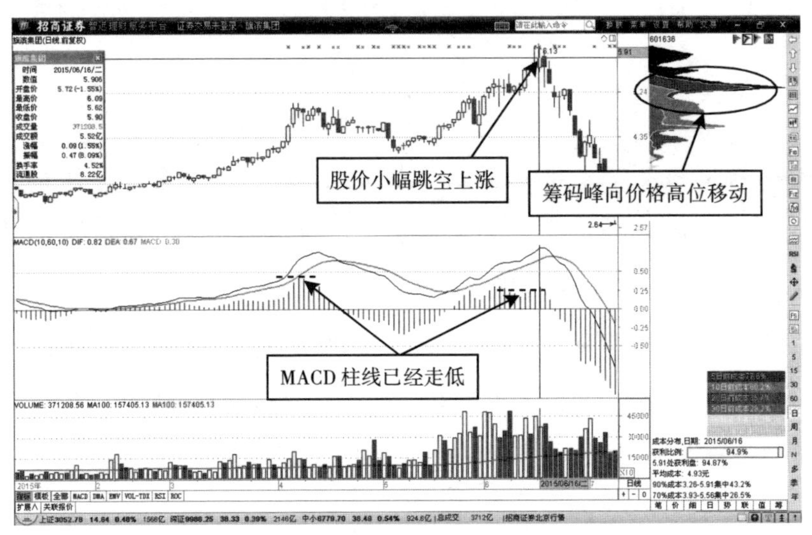

图 3-3　旗滨集团日 K 线图

要点解析：

(1) 图 3-3 显示，股价明显回升以后，图中 L 位置的价格已经出现见顶迹象。接下来股价继续回升以后，跳空上涨的走势出现。也许根据成交量的放大和价格跳空表现，很多投资者以为该股会继续上涨，

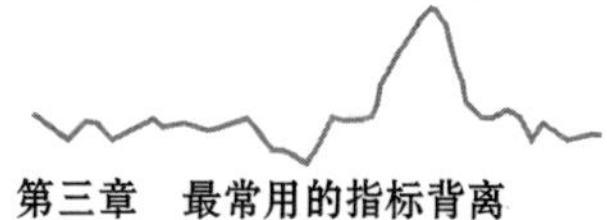

但是该股却出现了见顶迹象。

（2）从 MACD 指标的柱线表现来看，股价跳空上涨的时候，柱线已经无法再创新高。虽然 DIF 线依然达到高位，但是 MACD 柱线与股价高位背离之时，一定是不能忽视的卖点。考虑到计算周期为（10，60，9）的 MACD 指标对提示价格高位反转的效果非常理想，我们应该把握好指标提示的做空交易机会，降低价格下跌带来的损失。

（3）从图中的筹码形态来看，我们发现价格回升的时候筹码峰明显向价格高位移动，这是不可忽视的顶部信号。筹码峰是多数投资者的持仓成本区，成本向高位转移的时候，投资者的盈利空间收窄。一旦股价高位反转，很多投资者就会遭受损失，这是不可忽视的顶部信号。

总结：MACD 柱线与股价高位背离提示我们反转即将到来，我们在把握好卖点的情况下，应该做好减仓准备。实际上，卖点出现时间还是很快的，我们选择的 MACD 指标的计算周期足够长，价格见顶的速度很快，通常是在首次背离完成以后股价就已经杀跌。

二、MACD（10，60，9）的 DIF 线背离

股价见顶回落以后，价格经过调整还是会二次企稳。我们发现股价二次回升以后，价格可以有效突破短线高位，实现较大的上涨空间。通过分析 MACD 指标，一旦我们确认 DIF 线也突破了前期高位，那么价格上行趋势就会得到加强。而 DIF 线没有突破前期高位，股价继续回升的见顶概率就比较大了。

根据股价的表现，我们发现价格突破前期高位以后，股价继续创新高的次数不断增加，而我们继续持股的风险也将会增大。通过 DIF 线与价格回升的比较来看，我们可以在背离出现的时候减少持股。即便是第一次背离，考虑到计算周期为（10，60，9）的 MACD

指标出现背离的概率不大，第一次背离的卖点就是不容忽视的交易机会。

图 3–4 为旗滨集团日 K 线图。

图 3–4 旗滨集团日 K 线图

要点解析：

（1）图 3–4 显示，我们发现股价明显上涨以后，该股已经在图中 M 位置见顶。而经过调整以后，该股继续回升到图中 N 位置的价格高位，表明该股的上行趋势已经得到确认。

（2）从 MACD 指标的表现来看，图中价格达到 M 位置的时候，DIF 线已经达到 0.33，接下来价格继续回升到 N 位置的时候，DIF 线最高只达到 0.32，显然没有创新高。那么我们确认 DIF 线已经与价格创新高的走势背离，这是高位典型的出货信号。

总结：当我们已经确认 DIF 线与股价高位背离的时候，反转期间 DIF 线回调时股价同步下挫，这是典型的下跌趋势出现的信号。毫无疑问，DIF 线与股价背离以后，价格高位的卖点已经得到确认。我们再无法继续持有股票，减少 80%的持股非常必要。随着股价跌幅扩大，

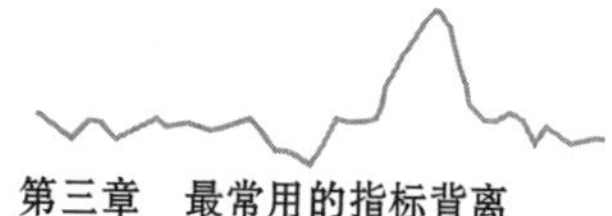

我们发现其实剩余的20%的股票市值会明显缩水。可见，背离期间的卖点不容忽视。

第三节　MACD的多次背离

MACD指标可能会与价格出现多次背离形态，提示我们交易机会不断得到确认，是我们考虑反向买卖股票的机会。如果背离形态比较明确，我们首先在第一次背离的时候就反向交易，等待第二次背离出现的时候，我们考虑价格逆转的概率增大，真正顺应新的价格趋势才能够获得好的买卖效果。

一、DIF线二次背离见底

当DIF线明显处于低位运行的时候，表明下跌趋势中MACD指标已经明显走坏。不过在股价反弹回升以后，DIF线也完成一个底部形态，这是反弹开始的信号。下跌趋势中的股价首次反弹不会改变下跌节奏。反弹结束以后股价依然会跌破短线低点，而DIF线却不会跌破低点，表明背离已经出现。

股价超跌以后，MACD指标与股价在价格低点背离次数增加，相应的买点不断得到检验。第二次出现DIF线与股价底背离形态以后，我们确认价格继续下跌概率不高，考虑在股价反弹的时候买入股票可以获得收益。即便是计算周期为（12，26，9）的MACD指标中，相应的DIF线双向波动的可能性较大，我们依然认为两次底部背离以后，我们买入股票盈利的概率很大。

图3-5为潍柴重机日K线图。

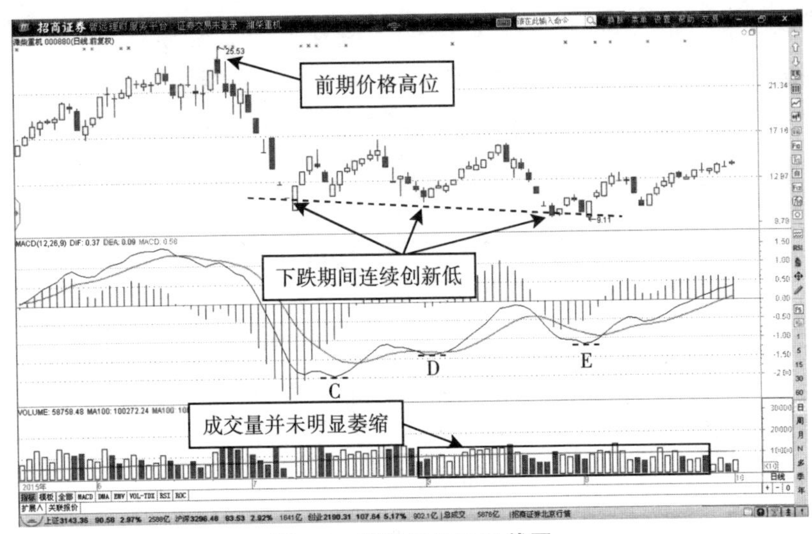

图 3-5　潍柴重机日 K 线图

要点解析：

（1）图 3-5 显示，当股价见顶回落以后，股价超跌期间一度出现反弹走势。不过反弹持续时间不短，该股反弹之后连续两次创新低，我们能否在价格见底的时候建仓，取决于 MACD 指标的背离次数。

（2）图中显示的 MACD（12，26，9）明显在 C、D、E 三个位置反弹。D 点的 DIF 线要明显高于 C 位置，而接下来的 E 点 DIF 线又高于 D 位置，这是 DIF 回升和价格回落的背离形态。

（3）当我们确认 DIF 线在 D 位置反弹的时候，这是首次出现的 MACD 指标与股价底背离形态。而 MACD 指标在 E 位置反弹而股价再创新低以后，MACD 指标与股价第二次出现底背离形态，这是我们建仓的大好时机。

总结：当 MACD 指标连续出现与股价底背离形态以后，我们确认价格下跌空间已经不大。特别是当 DIF 线明显触底回升，DIF 回升时间越长越接近 0 轴线。在 DIF 线即将突破 0 轴线的时候，价格上涨潜力加速释放，我们的盈利机会不断增多。与其说继续看空，不如在两次背离以后买入股票更能够盈利。

二、DIF 线二次背离见顶

当股价强势回升的时候，短线高位抛售压力虽然较大，股价依然会突破压力位。价格突破压力位达到新的高度以后，我们发现 MACD 指标已经与股价出现顶背离形态，这是典型的卖点。并且，MACD 指标与股价背离次数越多，价格见顶概率越大。通常，MACD（10，60，10）指标与股价形成两次高位背离形态以后，卖点就确定无疑了。

实战当中，我们确认 MACD 指标与股价出现顶背离的过程中，首次背离一定是价格突破短线高位而 DIF 线并未突破的时刻。而接下来指标与股价出现第二次背离，股价冲高回落以后第二次达到历史新高，DIF 线与股价出现二次背离。当然，价格并未明显回调，而是在突破短线高位以后继续回升，而 DIF 线虽然也在回升，但是却依然没有突破短线高位，表明背离依然存在。我们认为 DIF 线迟迟无法突破短线高位的时候背离一定是存在的。既然背离存在，我们认为价格上涨潜力就已经不大了，考虑卖出股票是非常必要的。

图 3-6 为大西洋日 K 线图。

要点解析：

（1）图 3-6 显示，当我们发现股价突破短线高位以后，价格达到了新的历史高位，表明该股走势较强，我们持股可以获得不错的回报。

（2）分析 MACD 指标以后，我们发现 DIF 线虽然已经回升，却没有突破前期高位。也就是说，MACD 指标已经无法强势回升，指标与股价出现顶背离形态。既然是背离形态，那么价格就不会有更大的上涨潜力，我们应该关注该股的高位卖点。

（3）当我们发现图中 S 位置的成交量明显放大的时候，我们确认

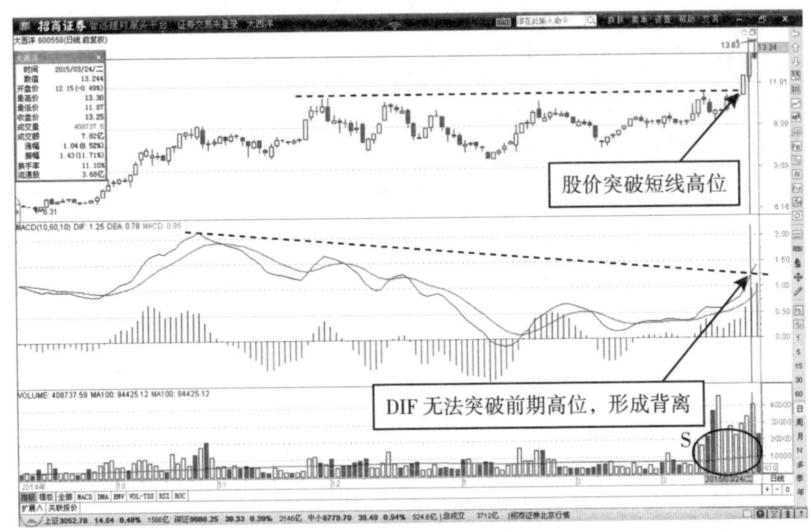

图 3-6 大西洋日 K 线图

这是比较明显的异常放大的量能。虽然量能处于高位，但是指标与股价背离以后，我们不认为这是买点。

总结：通常，指标与股价出现高位背离的走势以后，我们认为这是典型的见顶信号。价格难以突破历史高位，我们应该关注价格走势，特别是背离依然存在的时候，把握好价格高位的卖点。

图 3-7 为大西洋日 K 线图。

要点解析：

（1）图 3-7 显示，股价突破前期高位以后，调整空间很小，价格第二次达到新的高位。我们通过分析 MACD 指标，可知 DIF 线依然没有突破前期高位，这是非常典型的背离形态，可以认为是 MACD 指标与股价的第二次顶背离。

（2）当背离第二次出现以后，我们可以考虑卖出股票。背离再次出现成为推动价格下跌的因素，图中 K 位置量能明显放大以后，股价经历了 R 位置的杀跌走势。而 T 位置的二次杀跌以后，股价累计跌幅已经高达 60%。

总结：下跌趋势中股价跌幅较大，60%的跌幅对于任何一个投资

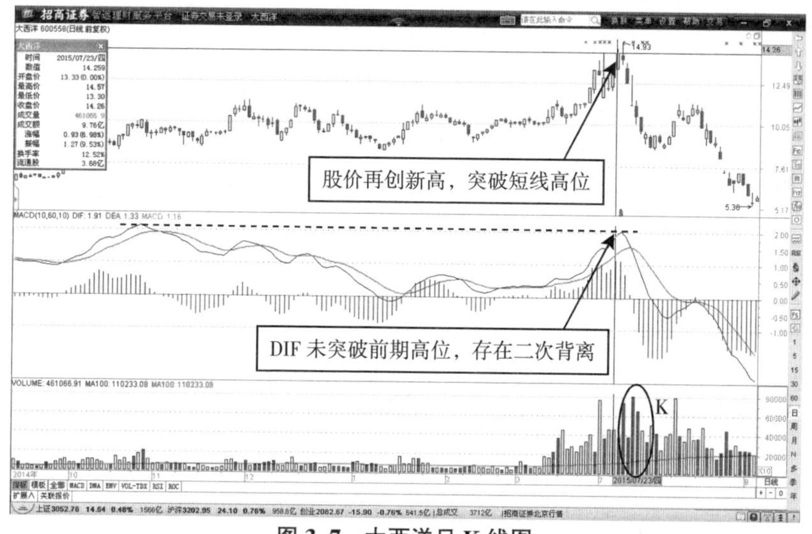

图 3-7　大西洋日 K 线图

者来讲都是致命的跌幅。我们关注下跌前的两次指标与股价背离形态，就是要规避这种下跌走势。减少因为股价下跌带来的损失，我们首先应该关注 MACD 指标与股价高位背离形态。

第四节　RSI 底背离

在熊市当中，股价下跌的时间很长，出乎多数投资者意料。而从价格下跌空间来看，股价下跌幅度也不会在投资者意料当中。实际上，我们没能准确预测价格真实的底部，究其原因是没有发现指标与股价背离的交易机会。背离形态出现以后，价格反弹的概率就会大增。而两次指标与股价背离的情况出现以后，反转几乎是 100% 会发生。

一、12 日 RSI 指标底背离

计算周期为 12 日的 RSI 指标用于确认价格反转非常有效，实战的运用当中，12 日 RSI 指标出现假象的概率很小。特别是使用 12 日 RSI 指标判断价格底部位置的时候，一旦背离出现，我们就可以考虑建仓了。当然，如果是非常明显的熊市行情，我们可以通过第二次背离形态确认买点。当 RSI 指标与股价形成第二次的底部背离形态以后，我们考虑在价格低点买入股票，就很容易获得收益了。

当 RSI 指标与股价确认了两个典型的底部背离形态以后，股价很难继续回落。这期间，我们选择买入股票的价位是相对合理的。股价一再超跌的时候，价格继续下跌的过程中卖盘不断减少，股价探底期间自然会出现交易机会。

图 3-8 为昊华能源日 K 线图。

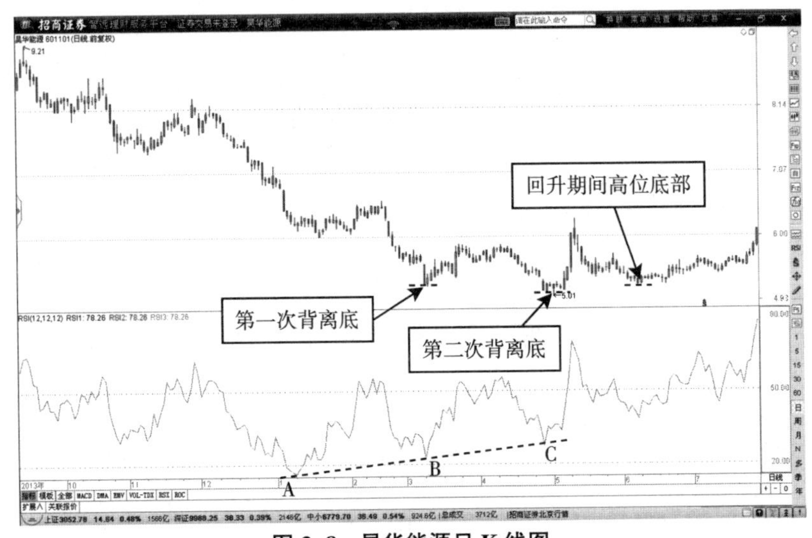

图 3-8　昊华能源日 K 线图

要点解析：

(1) 图 3-8 显示，当股价明显继续回落的时候，价格下跌期间的建仓交易机会不断出现。何时是最终的买点，我们通过 RSI 指标与股价背离确认。

（2）股价继续回落的时候，我们发现图中 B 位置的 RSI 指标已经相对 A 位置回升，表明 RSI 指标与股价形成底背离形态。而随后 C 位置继续相比 B 位置回升，股价却再创新低，表明背离已经第二次形成。

总结：当 RSI（12）与股价出现第二次底背离形态以后，我们就已经确认了买点。买点出现在第二次底背离期间 RSI 指标 C 位置对应的价格低点。当我们买入股票以后，价格反弹以后再次出现回调，相对高位出现难得的又一次建仓机会。

图 3–9 为昊华能源日 K 线图。

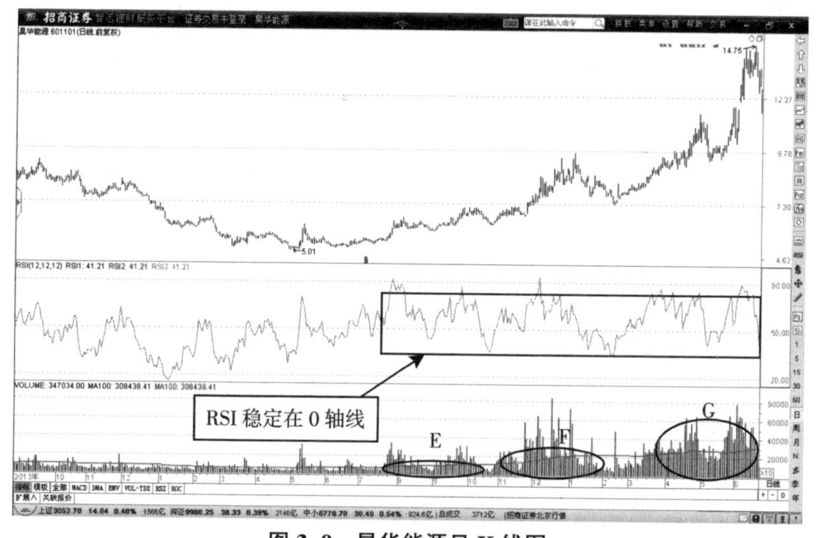

图 3–9　昊华能源日 K 线图

要点解析：

（1）图 3–9 显示，当我们确认 RSI 指标与股价出现两次底背离以后，在接下来的价格低点买入股票显然已经盈利。该股后期明显放量回升，量能从 E 位置放大至 F 和 G 位置。成交量稳步回升，表明股价已经进入小牛市行情。

（2）我们从 RSI 指标的表现来看，该指标稳定在 50 线上方，并且围绕 50 线和 80 线波动。而 50 线支撑 RSI 指标高位运行，这是非常明显的回升趋势中出现的指标走势。

总结：在 RSI 指标与股价底背离的时候，指标虽然已经逆势回升，但是还未突破 50 线。一旦 RSI 指标突破 50 线，价格回升趋势就得到确认，股价上涨潜力得到释放。这个时候我们继续持股，风险较小而盈利空间会非常大。

二、6 日 RSI 指标底背离

RSI 指标与股价出现底背离以后，即便股价短线跌幅不大，收盘创新低以后，同样是买点。价格小幅回落的过程中，RSI 指标与股价出现底部背离形态，这是典型的建仓机会。如果 RSI 指标的计算周期为 6，首次背离我们应该谨慎建仓。当第二次建仓交易以后，买入股票的可靠性就很高了。一般来看，6 日、12 日和 14 日 RSI 指标是比较常用的计算周期。6 日的 RSI 指标波动比较频繁，容易出现假突破的情况。12 日和 14 日 RSI 指标走势比较稳定，我们可以在指标首次出现交易信号的时候买卖股票。6 日 RSI 指标第二次出现买卖信号的时候，我们再考虑采取行动也不迟。

考虑到价格下跌期间难以短时间内企稳，那么股价震荡下挫的时候，我们可以在 RSI 指标与股价两次背离以后考虑建仓。经过两次背离形态，股价继续下跌空间不大。如果我们没有买在最低价，随着股价逐步企稳，持股以后我们不会遭受明显的亏损。相应地价格反弹速度如果比较快，价格向上回升潜力较大，我们后期盈利机会还是很多。

图 3-10 为金山开发日 K 线图。

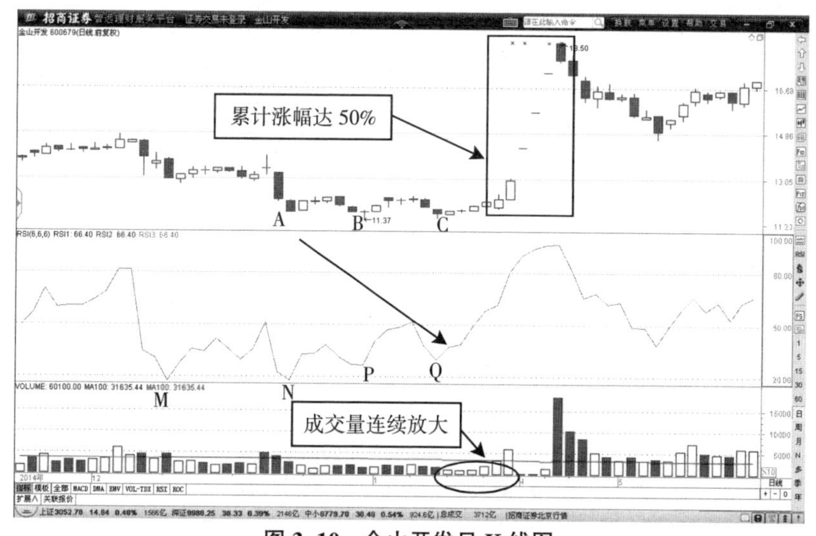

图 3-10 金山开发日 K 线图

要点解析：

（1）图 3-10 显示，当股价弱势回调的时候，我们可以发现该股跌幅虽然不断收窄，但收盘价格还是不断创新低。图中 A、B、C 三个位置的收盘价格依次降低，但是跌幅已经明显收窄。

（2）在价格下跌期间，我们对比 6 日 RSI 指标来看，图中对应的 N、P、Q 三个底部明显不断提升，并且都高于前期的 M 位置对应的低点。这表明，RSI 指标已经与下跌中的股价形成底背离形态。考虑到 RSI 指标在 Q 位置探底回升以后很快突破了 50 线，指标已经能够支撑股价摆脱下跌趋势。

（3）从图中的成交量表现来看，图中量能明显回升的时候，我们发现股价表现已经很强势。后期该股连续涨停以后，累计涨幅达 50%，这为我们持续盈利提供了机会。

总结：我们从 6 日 RSI 指标与股价的对比走势来看，当价格下跌的时候，RSI 指标与股价出现了 N、P、Q 三个位置的背离形态。6 日 RSI 指标双向波动非常频繁，但是三次背离以后股价跌无可跌，是我们决定抄底该股的时候，意味着后期盈利空间会很大。

第五节　RSI顶背离

股价连续回升空间较大的时候，冲高回落的调整走势出现，股价可以短时间内完成一个顶部形态。在股价二次回升以后，价格突破短线高位实现上涨，我们可以通过 RSI 指标确认股价上涨潜力。在 RSI 指标与股价出现顶背离前，我们都可以继续持股。

一、12 日 RSI 指标顶背离

计算周期为 12 日的 RSI 指标与股价出现顶背离以后，意味着价格继续上涨的概率已经很小。我们认为 12 日的 RSI 指标提示的交易信息非常有效，至少在背离形态方面，这一定是不可忽视的做空信号。股价可能短线延续回升趋势，但是 12 日 RSI 指标继续回调以后，我们会发现股价上涨期间已经很难再创新高。每一次股价再创新高的走势都伴随着背离形成，这显然是不可能频繁出现的情况。

一般来看，我们发现 12 日 RSI 指标与股价形成顶背离以后，就可以确认价格高位的卖点了。首次背离提供的卖点不一定非常准确，价格可以继续上冲一段，形成新的顶部形态。我们就是要在 RSI 指标与股价背离过程中不断完成减仓动作。等待股价真正无法继续回升的时候，RSI 指标与股价背离消失，指标和股价同步下跌的时候我们的持仓已经降低到最小。

图 3-11 为中煤能源日 K 线图。

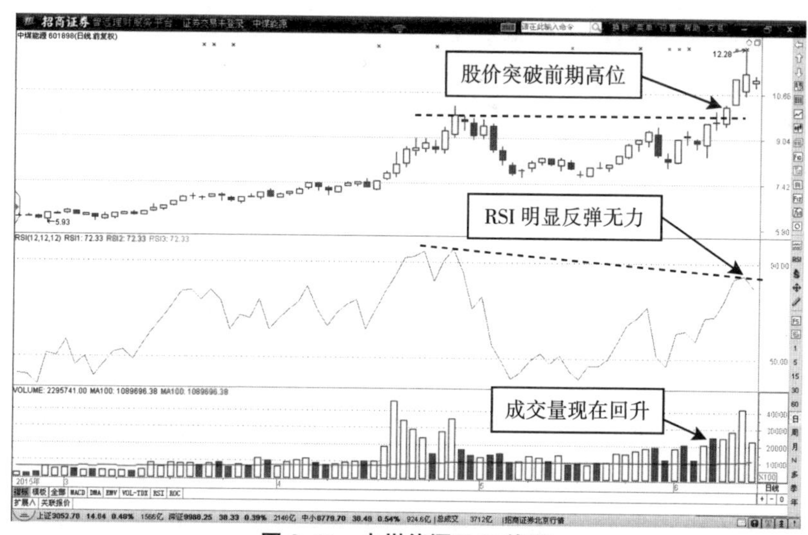

图 3-11　中煤能源日 K 线图

要点解析：

（1）图 3-11 显示，从价格能够突破前期高位的表现来看，频繁出现大阳线拉升形态以后，股价上涨趋势显然很强。不过我们发现股价突破前期高位以后，RSI 指标继续回升空间不大。图中 12 日 RSI 指标明显无法突破前期高位的时候，我们确认指标与股价形成顶部背离。

（2）RSI 指标明显处于回落趋势中，即便在股价强势回升期间，这种下跌趋势依然没有改变。股价突破前期高位，RSI 指标反弹空间也很大。只是在股价回调的时候 RSI 指标已经跌破了 50 线，再次反弹就与股价形成了顶背离。

（3）图中成交量处于 100 日等量线上方，量能还是比较大的，表明股价短线还很难出现明显的调整。这种成交量可以推断价格继续回升，但是如果成交量不能继续放大，顶部形态就会出现。

总结：12 日 RSI 指标与股价形成顶背离，这是非常清晰的见顶信号。股价并没有一次性达到顶部，而是在多方无力拉升的时候见顶。我们接下来还会看到 RSI 指标与股价继续背离，但是价格上涨空间会逐步收窄，背离以后的卖点将很快出现。

图 3-12 为中煤能源日 K 线图。

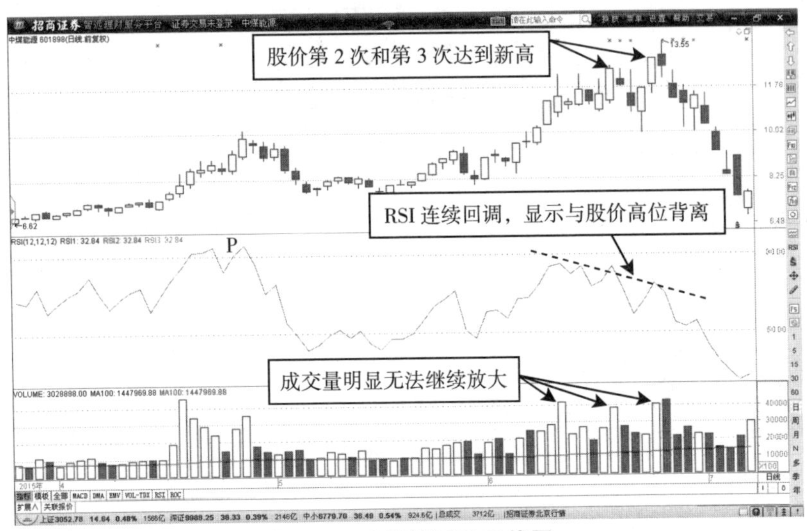

图 3-12　中煤能源日 K 线图

要点解析：

（1）图 3-12 显示，当我们发现 RSI 指标与股价高位背离以后，典型的卖点已经出现。而随着价格反弹，图中再次出现了创新高的两个顶部，这是背离加剧的信号，同时也是我们卖出股票的机会。两次背离以后，该股短线回升阻力大增，我们应该顺应价格回调趋势减少持股，降低投资风险。

（2）从 RSI 指标的表现来看，回落趋势已经非常明显。股价再创新高的时候，RSI 指标已经反弹无力。RSI 指标短线高位明显低于 P 位置显示的高位，指标与股价的背离正在第 2 次和第 3 次出现。考虑到 RSI 指标计算周期为 12 日，我们在背离出现的第 2 次就应该卖出 80%的股票，减少因为股价下跌带来的损失。

（3）从成交量来看，股价三次创新高的过程中，我们发现成交量并未明显放大。量能维持在一个高度，这是限制价格上涨的重要因素。没有成交量放大，该股很难大幅度回升。这个时候，减仓是应对价格调整的最好办法。

总结：12 日 RSI 指标与股价出现两次背离形态，已经能说明股价见顶的走势。我们不必继续等待第 3 次背离的时候减少持股数量。因为最好的出货时机总会遇到价格波动加强，我们应对不及时，就会遭受损失。我们发现背离的同时减少持股数量，是比较有效的应对策略。

二、6 日 RSI 指标顶背离

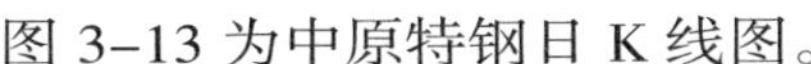

从短线价格的表现来看，如果股价反弹期间 6 日 RSI 指标已经明显无法继续回升，这个时候我们考虑卖出股票，是非常不错的交易机会。特别是 RSI 指标已经达到 80 上方的超买位置的时候，即便股价继续回升，RSI 指标也很难再创新高。那么问题就来了，既然当股价继续回升的时候背离不可避免，我们继续持股的盈利机会也就消失了。考虑在背离出现的那一刻减少持股数量，是我们应对的最佳策略。

随着调整的到来，股价会出现预期的回落走势。股价的回落不仅是 RSI 指标超买后的走势，也是背离形态出现以后的卖点。

图 3-13 为中原特钢日 K 线图。

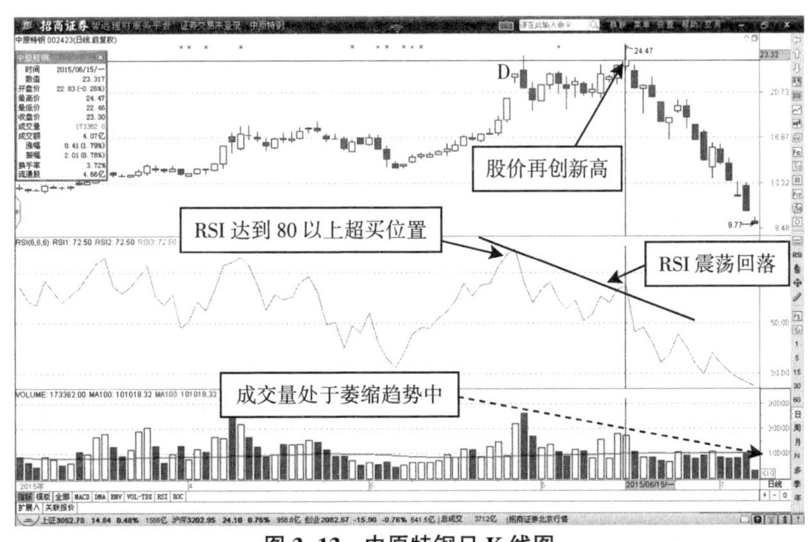

图 3-13 中原特钢日 K 线图

要点解析：

（1）图 3-13 显示，图中股价单边回升以后，D 位置的股价已经再创新高，价格走势较强。不过这个时候我们观察 6 日 RSI 指标的表现，发现该指标已经处于 80 上方的超买位置，这是指标难以继续回升的信号。

（2）与此同时，经过调整以后股价已经达到另一个高位，而同期 RSI 指标背离回落，这是典型的卖出股票的信号。考虑到 RSI 指标与股价的背离出现在超买以后，这是 RSI 指标无法延续回升趋势的结果。我们务必要卖出大部分股票，以便在回调期间减少亏损。

（3）事实上，RSI 指标与股价背离的过程中，成交量的萎缩已经提示我们股价见顶。

总结：在成交量萎缩的趋势中，RSI 指标超买和背离形态同时形成，价格难以维持高位运行。可见，更好的交易机会出现在 RSI 指标与股价超买以后，我们选择超买后减仓可以免遭亏损。

第六节 BIAS 底背离

股价波动强度小，BIAS 指标的波动强度也会减小，相应的单边趋势中，BIAS 就很容易与股价形成背离，通过 BIAS 指标寻找交易机会的时候，我们会发现，指标与股价背离信号提示我们更早的交易机会。在股价还未出现反转的时候，背离就已经出现，我们把握的机会更好。

一、6 日 BIAS 底背离

6 日 BIAS 指标的波动相对更频繁一些，交易机会也很容易形成。特别是在股价下跌期间，我们发现 BIAS 指标虽然已经逆势回升，但是股价下跌趋势还是没有结束。而通过 BIAS 指标挖掘买点的时候，我们会需要多等待。因为 BIAS 指标与股价连续两次背离以后，真实的底部才会出现。过早买入股票，那么在股价回调的时候我们持股风险较大，更好的买点就与我们失之交臂了。

当我们选择 BIAS 指标与股价两次出现底背离时买入股票，那么建仓价位一定不是很高。指标与股价背离以后，BIAS 逆势回升之时，指标达到 0 轴线附近已经提示我们价格即将走强。从收盘价格来看，股价不会轻易跌破第二次背离以后的价格低点。分时图中股价可能会出现探底的走势，却不影响价格回升趋势。

图 3-14 为天目药业日 K 线图。

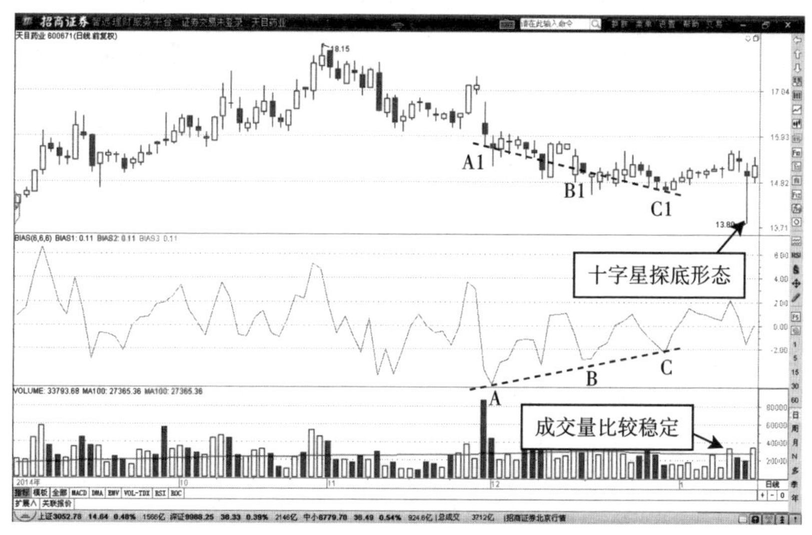

图 3-14　天目药业日 K 线图

要点解析：

（1）图 3-14 显示，当股价明显持续回落的时候，我们会发现价格反弹期间形成了 A1、B1、C1 三个底部形态。而指标探底的时候，我们没有办法在首次见底期间买入股票盈利。不过我们可以通过 BIAS 指标与股价背离发现买点。

（2）图中 B1 的价格低点出现的时候，对应的 BIAS 指标在 B 位置出现了反弹。B 位置明显要高于 A 位置。这表明 BIAS 已经脱离调整状态。随着股价继续回落，BIAS 指标逆势回升，两者又出现了 C 位置的相对高位和 C1 位置相对低点的背离形态。

（3）典型的背离形态出现的时候，我们发现第二次背离，显然已经可以买入股票了。6 日 BIAS 指标明显的逆势回升以后，已经接近突破了 0 轴线。那么我们相信，价格上行趋势将得到延续。图中十字星的形态成为典型的探底形态，同时也是我们需要考虑的买点。而十字星探底却不跌破短线低点，这也为我们买入股票创造了条件。

总结：BIAS 指标与股价两次背离以后，交易机会出现在价格低点。股价反弹走势很快形成，而成交量稳定下来，这成为推动价格回升的重要因素。

图 3-15 为天目药业日 K 线图。

要点解析：

（1）图 3-15 显示，涨停大阳线出现的时候，一定是突破信号。图中大阳线以跳空形式出现，该股明显脱离了价格低点。这一次突破走势形成，是原本波动空间就不大的情况下出现的，我们视为价格走强信号。

（2）从 BIAS 指标来看，指标在图中快速回升，明显达到 0 轴线上方。同期成交量达到天量状态，显示多方拉升的意图已经非常明显。

总结：成交量明显放大，并且 BIAS 指标也显著回升，而这期

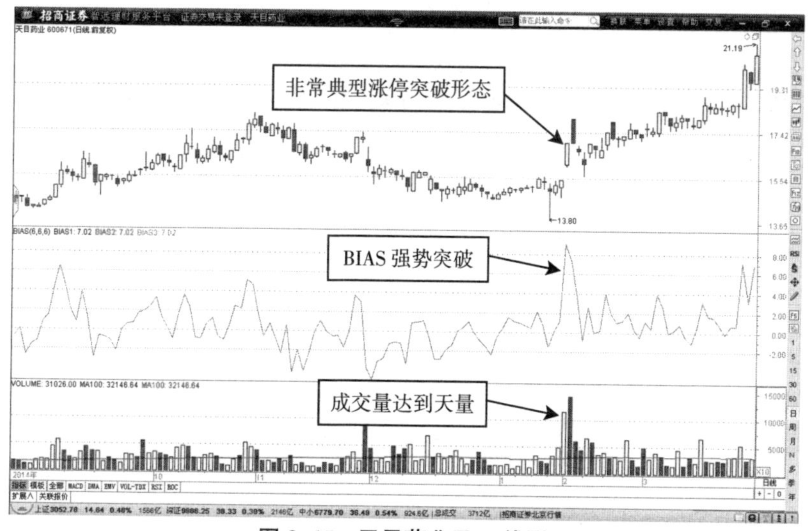

图 3-15 天目药业日 K 线图

间股价也以涨停的方式脱离调整状态，这是非常难得的买入股票的信号。

二、12 日 BIAS 底背离

当股价明显大幅下跌的时候，BIAS 指标下跌空间也会很大。而随着股价下跌趋势趋缓，BIAS 指标继续回落的空间已经不大。12 日 BIAS 指标提示我们股价已经开始出现企稳的信号，而指标企稳的信号一定是开始回升。BIAS 回升期间，股价依然回落，这就出现了背离的情况。我们根据 BIAS 指标与股价底背离确认了建仓交易机会，把握住最好的买点。

我们确认下跌趋势中背离的前提，是股价已经出现反弹走势。那么在每一次反弹确认的时候，BIAS 指标都逆势回升。这个时候 BIAS 指标与股价形成了底背离形态。BIAS 指标与股价的底背离达到两次，这是 12 日 BIAS 指标提示的确定建仓机会。当 BIAS 第二次与股价背离的时候，即 BIAS 回升的时候，价格也会出现一些反弹。我们认为背离提供的买点就出现在股价反弹的时刻。

图 3–16 为航天机电日 K 线图。

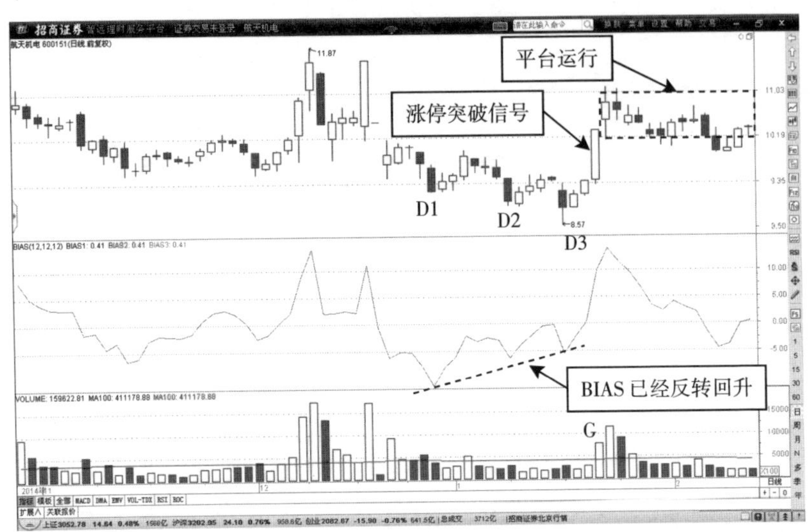

图 3–16　航天机电日 K 线图

要点解析：

（1）图 3–16 显示，在股价明显回调的时候，价格连续出现了反弹走势。图中 D1、D2、D3 是比较容易发现的价格底部。在股价出现反弹的时候，同期 BIAS 指标也出现底部形态。只是 BIAS 指标的底部明显回升，这与股价的回落底形成背离。我们确认第二次背离后是不错的买点。

（2）从成交量的表现来看，图中 G 位置是量能明显放大的时候，这一次的股价反弹显然更不同寻常。我们认为 D3 位置的价格低点是非常难得的三次背离出现的时刻。而股价反弹确认这是该股回落期间的一个价格底部。考虑到经历两次背离以后股价即将走强。图中 D3 位置的价格反弹就算买点。

（3）在股价强势放量回升以后，价格反弹到短线高位，该股出现了横向图中的情况。这期间，我们可以在价格调整的过程中继续加仓，以便在后期回升趋势中提高收益空间。

总结：在价格回落期间，我们发现虽然 BIAS 指标与股价背离，但是价格继续回落空间不大。我们认为股价下跌的过程中经历了跌幅有限的调整。而背离表明主力并不打算持续做空，价格可以在回调以后触底回升，我们按照背离后加仓，继续背离继续加仓的策略交易，就很容易获得收益。

图 3-17 为航天机电日 K 线图。

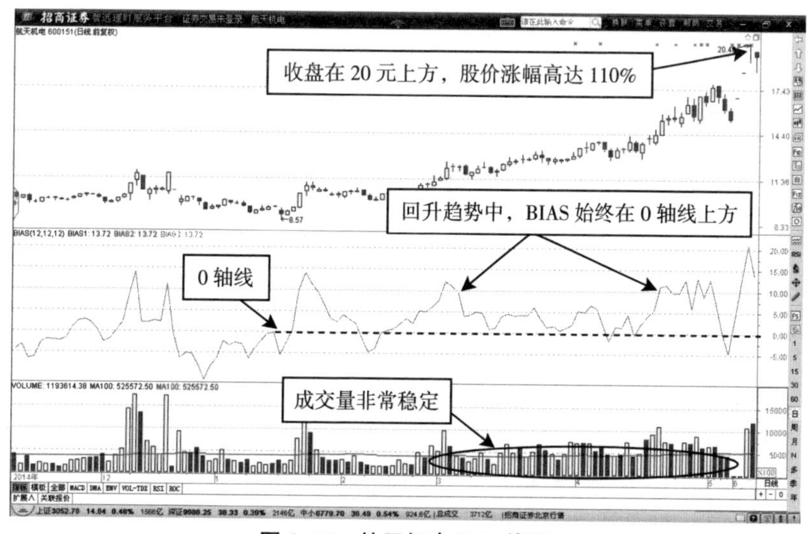

图 3-17　航天机电日 K 线图

要点解析：

（1）图 3-17 显示，也就是在 BIAS 指标与股价背离消失以后，指标已经明显回升至 0 轴线上方。后期 BIAS 指标运行在 0 轴线上方，完全可以支撑价格上行。

（2）BIAS 稳定在 0 轴线上方的时候，表明股价走势趋于上行。不管从短线还是中线来看，股价都不会结束回升趋势。

（3）成交量是推动价格回升的重要因素，没有量能放大，股价很难大幅回升。而图中成交量就明显维持高位运行，量能无法跌破 100 日等量线，表明该股的活跃度很高，价格不会结束回升趋势。

总结：在我们确认股价背离结束以后，买入股票后累计盈利空间达 110%。可以说，BIAS 指标与股价形成底部背离两次，这是典型的低位买点。价格脱离了低位以后，我们持股盈利的空间很大。

第七节　BIAS 顶背离

在股价回升区间，我们确认股价无法继续大幅回升的信号，是 BIAS 指标的回调走势。BIAS 指标反映了价格短线波动空间大小，是我们确认价格顶部的重要指标。而股价见顶前，从波动空间来看很容易出现滞涨的情况。BIAS 滞涨以后，指标与股价高位背离就会形成。我们知道 BIAS 滞涨就是股价难以继续回升的表现，而指标与股价出现顶背离形态，意味着我们可以考虑减仓了。

一、6 日 BIAS 顶背离

当股价已经明显回升以后，如果成交量出现萎缩信号，股价上涨潜力就会受到负面影响。没有成交量放大的情况下，股价很难再创新高。我们发现股价出现滞涨的情况下，BIAS 指标会反映出价格难以回升的形态特征。BIAS 指标与股价出现顶部背离形态，便是非常典型的做空信号。股价虽然再创新高，BIAS 指标却在回调，这是价格即将回落的信号。

BIAS 指标与股价连续两次背离形态以后，价格会出现典型的见顶信号。我们根据 BIAS 的背离确认卖点。首次背离可以减少 50%的持仓。第二次背离出现以后，我们应该卖出 80%以上的股票，这样才能更好地应对下跌走势。

图 3-18 为宁波热电日 K 线图。

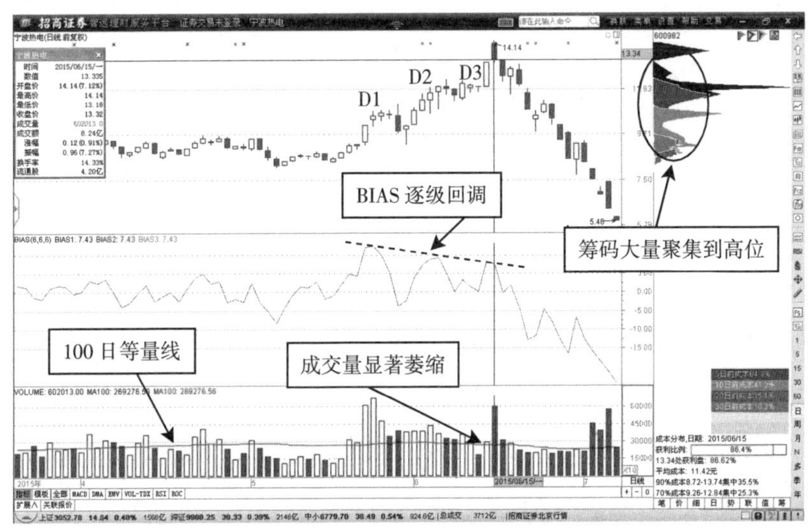

图 3-18 宁波热电日 K 线图

要点解析：

（1）图 3-18 显示，当股价突破短线高位以后，价格冲高回落，完成了图中 D1 显示的第一个顶部。第一个顶部出现的时候，卖点还未形成。而当图中 D2 显示的顶部出现的时候，同期 BIAS 指标反弹强度已经不大。指标与股价形成了高位背离，提示价格难以继续回升，这是首次出现的背离卖点。

（2）从成交量的表现来看，股价回升期间量能持续萎缩。在股价达到图中 D3 位置的顶部时，量能已经萎缩至 100 日等量线下方。同期 BIAS 指标已经逆向回调，表明指标与股价第二次出现了背离形态。我们确认这是最后一次减仓交易机会，应该考虑卖出大部分股票了。

总结：BIAS 指标与股价背离的过程中，价格继续回升潜力已经不大。股价虽然没有马上回落下来，但是背离已经是股价走弱的信号。我们应该在背离的时候及时减仓，减少因为价格下跌带来的风险。两次背离以后，股价回升概率已经不大。将大部分持股卖掉是最好的应对办法。

二、12 日 BIAS 顶背离

BIAS 指标用于判断价格异动，如果价格短线波动空间本身不大，指标也很难表现抢眼。在股价回升的过程中，我们可以通过 BIAS 指标的弱势表现确认价格无法回升的卖点。BIAS 指标短线出现回调走势，价格虽然再创新高，股价收盘涨幅却非常有限。正是因为股价收盘涨幅萎缩，BIAS 才会出现回调的情况。

价格回升以后，股价累计涨幅接近翻倍，这个时候出现滞涨的走势，显然是符合主力投资者出货的节奏。在 BIAS 指标与股价出现顶部背离形态时，BIAS 指标首先出现回调走势。股价再创新高之时，BIAS 指标已经逆势回调。股价见顶的过程总是在我们意料之外。在股价明显已经回调的时候，我们就可以轻松确认卖点了。

图 3-19 为蓝科高新日 K 线图。

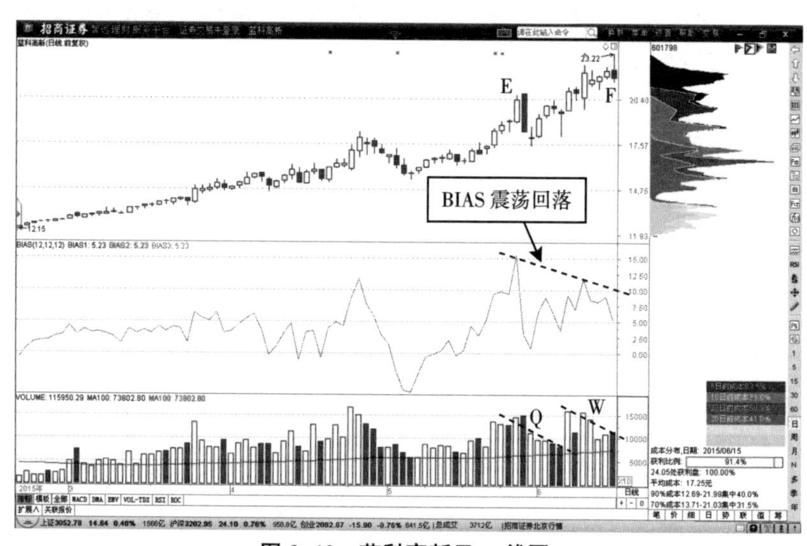

图 3-19 蓝科高新日 K 线图

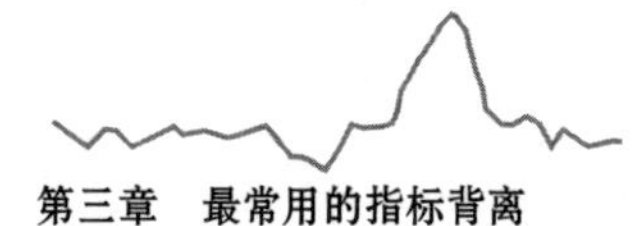

要点解析：

（1）图 3–19 显示，股价在 E 位置明显出现回调走势，价格调整空间不大，这是股价即将回落的信号。我们观察图中成交量的变化，可以发现 Q 位置的量能萎缩趋势，股价回调以后价格弱势反弹空间显然不会太高。

（2）当我们发现股价继续回升到 F 位置的相对高位以后，对应的 BIAS 指标已经无法回到短线高位。也就是说，BIAS 指标已经与股价形成高位背离形态，这是非常典型的见顶信号。

（3）我们分析成交量可以发现，图中 W 位置的量能第二次萎缩，这是 F 位置股价难以大幅走强的信号。成交量两次萎缩以及背离形态出现，我们可以更轻松地确认卖点。

总结：当成交量明显出现萎缩的时候，股价很难继续回升。实际上，通过分析量能萎缩趋势，我们已经能够确认卖点。不过 BIAS 指标与股价出现顶背离以后，卖点更加确定了。针对价格高位的做空机会，我们发现背离就可以减仓交易。

图 3–20 为蓝科高新日 K 线图。

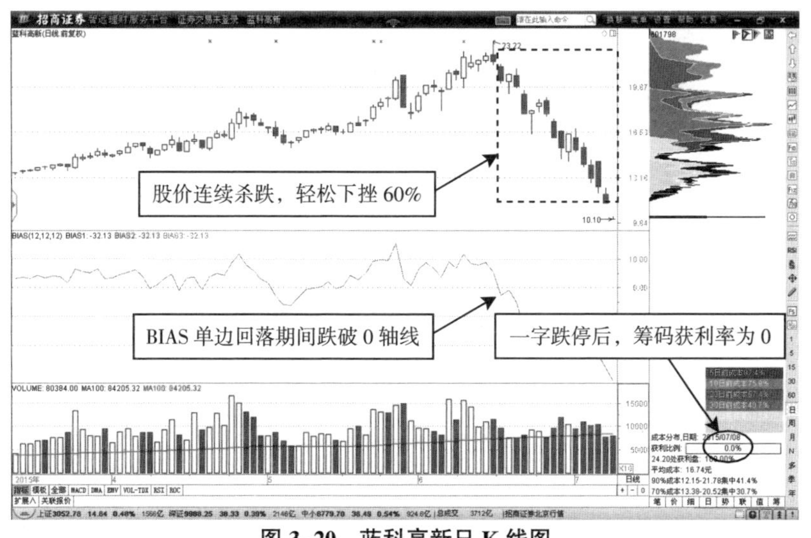

图 3–20　蓝科高新日 K 线图

要点解析：

（1）图 3-20 显示，当 BIAS 与股价首次背离以后，价格就已经见顶。从背离后价格表现来看，股价下跌趋势较大，跌幅已经高达 60%。

（2）当我们确认 BIAS 指标与股价高位背离以后，我们发现指标很快跌破了 0 轴线。股价很难维持高位运行，收盘下跌是指标回落的主要原因。随着股价跌幅的扩大，我们持股风险非常大。股价跌破了前期长时间实现的涨幅，使得多数持股投资者亏得一塌糊涂。

总结：当 BIAS 指标与股价首次背离以后，价格下跌趋势就已经明显出现。股价不断下跌的时候，我们发现筹码获利率已经降低到 0。这表明，价格下跌已经使得投资者全部亏损。选择持股的投资者已经无法应对价格下跌走势。

第四章　主力资金流动与价格背离

当资金明显流入的时候，价格表现抢眼的概率就很高了。我们根据资金流入来确认价格回升趋势，就很容易获得成功。特别是资金流入达到近期新高的时候，价格很难出现回落的走势。实战当中，资金明显流入和流出的时候，价格会表现出回升和下跌的走势。但是如果资金流动方向与股价走势相反。在资金流入的情况下股价出现阴线下跌，而资金流出的情况下出现阳线回升，这都是比较明显的背离形态。资金与股价收盘方向背离以后，价格很容易出现逆转的走势。我们可以根据资金流向与股价背离确认交易机会。

第一节　资金净流入方向对价格影响

资金流入的情况下，股价很容易表现出涨停走势。特别是主力资金流入达到近一年以来高位的情况下，股价几乎 100%会涨停。类似的情况如果出现在资金流出的时候，我们也会发现价格跌停的走势。那么超大资金流动方向显然决定了价格走向，我们可以通过超大资金流向确认交易机会。

一、资金流入股价涨停

流通股少的个股，如果资金大量流入，股价就很容易涨停。特别是流通盘不足10亿股的小盘股，资金流入达到1亿元以上，股价就可以稳定涨停。如果主力已经开始拉升股价，我们确认股价涨停的买点提供了非常好的交易机会。实战当中，我们可以追涨买入股票，获得价格继续回升带来的收益。当然，涨停板出现以后的第二个交易日追涨，同样有不错的盈利机会。因为拉升涨停板以后主力的持仓成本已经得到确认，我们在主力持仓成本附近买入股票的风险较小。特别是在主力继续做多的情况下，我们就可以轻松获取收益。

图4-1为华意压缩分时图和日K线图。

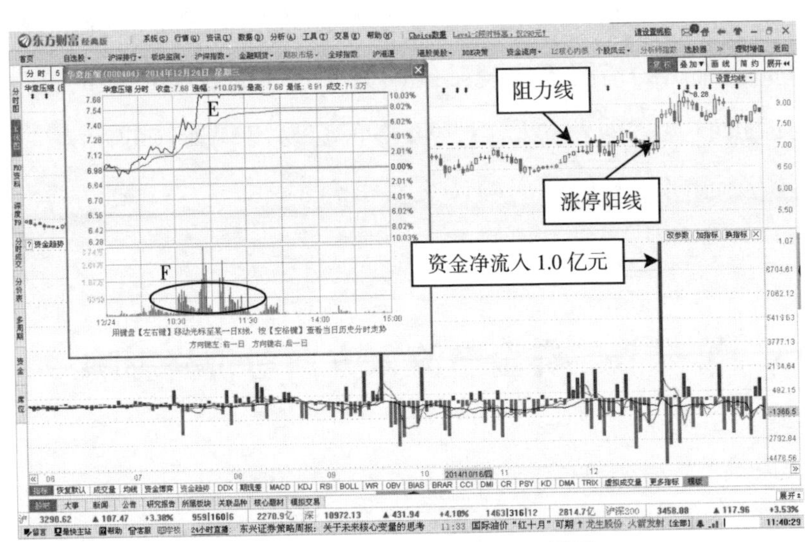

图4-1 华意压缩分时图和日K线图

要点解析：

(1) 图4-1显示，我们从分时图价格走势发现，该股开盘以后持续放量上行，盘中E位置股价已经天量涨停。而从同期成交量的表现来看，图中F位置的量能较大，集中放大的成交量成为股价上涨的重要推动因素。

（2）日 K 线图中价格涨停期间顺利突破短线压力区，这是股价继续回升的重要基础。压力位被有效突破以后，我们可以确认该股已经加速回升。从资金流入来看，当日流入高达 1.0 亿元，显示主力已经高度介入。

（3）我们对比前期的资金流动可以确认，1.0 亿元资金流入是近一年来没有过的情况。如此高的量能形成以后，价格显然不会静止不动了。涨停走势体现了主力拉升的意图，大阳线成为主力实现操盘步骤的重要突破形态。

总结：实战当中，我们发现股价在分时图中涨停量能越大，主力资金流入规模越大，价格可以轻松达到涨停价位。当我们确认资金流入达到近一年来最高数值时，股价涨停就会成为行情继续发酵的起点。股价回升趋势不会结束，而我们需要把握好买点，持股的时候自然获得高收益。

二、资金流出股价跌停

当资金明显流出的时候，价格将明显出现回落走势。从跌幅来看，股价完全会形成实体较大的大阴线形态，这是行情开始走坏的信号。大量资金出逃期间，主力一定在设法减少持股数量。主力减少持股是资金流出的根本原因，而期间散户同步卖出股票以后，价格很难维持高位运行。我们通过资金流出判断价格见顶的走势，就很容易确认卖点了。

从资金流出规模来看，资金流出达一年以来高位以后，价格会轻松出现逆转走势。我们关注资金流出以后的卖点，就是要在资金流出期间降低持股数量，减少因为股价回落造成的损失。

图 4–2 为云投生态分时图和日 K 线图。

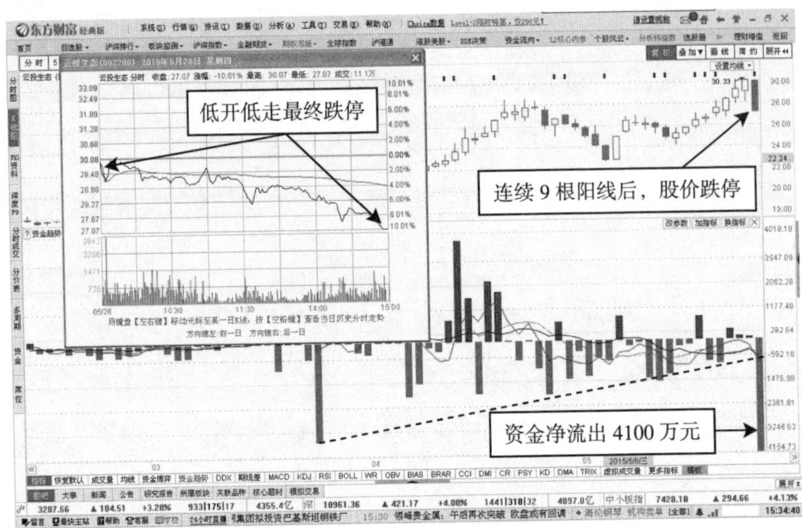

图 4-2　云投生态分时图和日 K 线图

要点解析：

（1）图 4-2 显示，分时图中股价低开以后单边回落。在成交量放大的情况下，主力在出货做空股价。分时图中该股整体表现出低开低走的放量杀跌趋势。可见，我们很容易确认分时图中的减仓信号。我们不必再在接下来的交易日卖出股票，而是可以在股价跌停前就减少持股。

（2）从日 K 线图来看，大阴线跌停以后，该股资金流出规模达 4100 万元。我们确认这一次的资金流出规模很大，是近三个月以来规模最大的一次。因此，我们判断资金流出以后该股下跌趋势会很快出现。不必等待在接下来的交易日中卖出股票，我们可以在股价回落而资金流出的分时图中减少持股，用以规避下跌带来的损失。

总结：当主力集中在一个交易日快速出货的时候，作为散户投资者，我们也就没有持股的必要了。与其说持股的时候面临亏损的风险，倒不如快速卖出股票，减少亏损就是为了保住本金，为今后有机会买入股票时获利。

三、关键突破口的资金流入

我们发现，股价短线调整的过程中出现难以逾越的压力位，这个时候需要主力拉升股价突破才行。散户投资者很难拉升股价突破重要的压力位，而主力投资者有足够的资金储备，能够应付较大的抛售压力，是拉升股价突破压力位的重要力量。实战当中，我们确认股价已经持续一段明显的横向调整，那么价格高位的压力区正等待主力拉升股价突破。一旦资金短时间内持续流入，股价放量回升期间轻松突破了压力区，价格就自然实现很大的涨幅。

确认资金流入是否有效，我们通过分析一段时间里主力资金的流入量，就可以确认资金流入期间的突破信号。如果资金流入规模达到一年以来新高，并且已经持续几个交易日出现资金流入，那么股价就可以轻松突破短线压力区。

图 4–3 为国统股份分时图和日 K 线图。

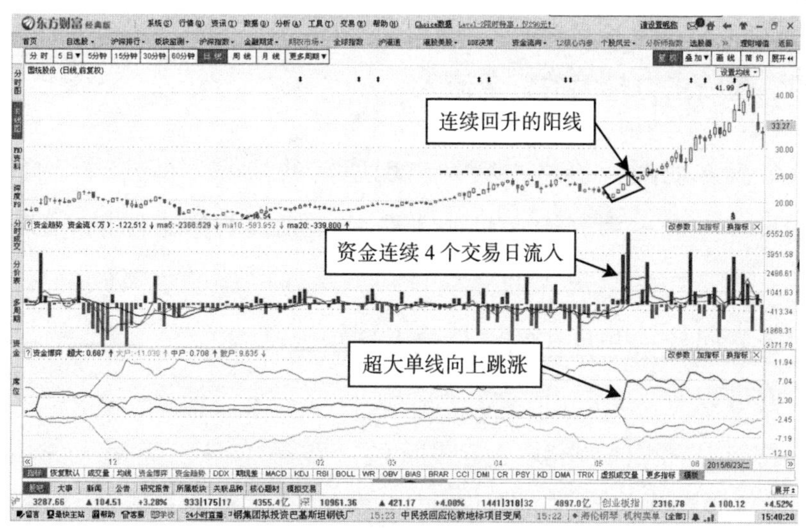

图 4–3　国统股份分时图和日 K 线图

要点解析：

（1）图 4-3 显示，我们发现日 K 线图中该股连续 4 个交易日出现回升阳线，表明该股已经可以突破短线压力区。在第四个交易日收盘以后，股价已经处于短线高位，这是价格继续走强的关键点。

（2）从资金流入分析，首次出现两个交易日阳线形态的时候，该股涨幅还不是很大，资金流入规模相对较小。而第三个和第四个交易日资金流入达到一年来新高，这是主力强势介入的信号。

（3）从超大单线的表现来看，资金净流入的时候超大单先明显强势回升。并且，超大单线已经处于 0 以上，显示主力主动操盘意图明确。该股在资金流入的时候可以继续表现出强势，我们的交易机会也正在增加。

总结：鉴于资金连续多个交易日净流入，我们确认主力操盘力度达到一年以来最高水平。因此，股价有效突破压力区显然不是难事。我们确认价格上行趋势还在加强。早一些买入股票，我们可以主动持股盈利。

四、超跌主力抢筹的资金流入

资金流入期间，价格很容易出现逆转的情况。即便股价明显处于下跌趋势，一旦主力开始大量买入股票，股价继续下跌的空间还会明显收窄。甚至在资金流入的交易日中，本身已经明显杀跌的股票，会在盘中企稳回升，并且在收盘价位上实现上涨。

我们可以在实战当中关注资金流入的动向，挖掘主力强势介入的股票来持有，可以轻松获得短线收益。跌幅本身已经很大的情况下，主力资金流入以后，被抛售的股票有了买家，那么抛售压力就显得微不足道了。股价因为资金大量流入而出现反弹走势。这种超跌期间出现的反弹走势成为价格上涨的重要起始形态，同时也是我们买入股票

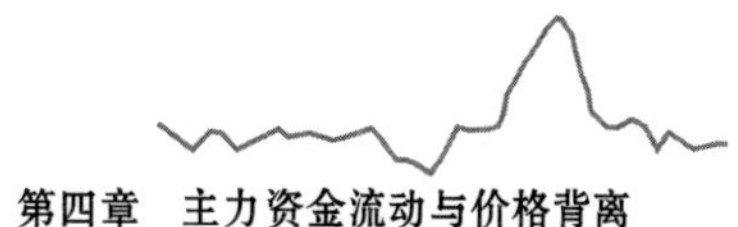

的建仓交易机会。

图 4–4 为濮耐股份分时图和日 K 线图。

图 4–4 濮耐股份分时图和日 K 线图

要点解析：

（1）图 4–4 显示，当股价在图中 P 位置跌停开盘的时候，我们发现 Q 位置的量能急剧放大，大量资金流入该股以后，使得股价轻松脱离跌停价。主力资金显然已经介入该股，不容抛售压力较大的情况下，即便资金流入该股也不会在收盘期间出现上涨。

（2）日 K 线图中显示，该股连续杀跌以后，跌幅已经超过 50%。而我们发现图中股价跌停开盘期间出现了大阳线形态，当日资金流入更是高达 1.53 亿元，这是前期最大单日资金流入量的 5 倍。图中 G 位置的量能最大只有 5000 万元，这说明 1.53 亿元的资金流入已经是非常难得的主力介入信号。

（3）我们确认资金强势介入以后，就不难预测图中 M 位置股价的反弹走势。M 位置股价反弹达 40%。而接下来 N 位置的反弹也达到 30%。如果不是资金主力，该股很难有这么好的表现。

总结：资金改变价格运行趋势的作用不容忽视，我们可以根据资金流入确认价格技术性反弹的起始点，判断最佳的建仓价位。一旦我们确认了主力资金大量流入，开始建仓的过程中我们的盈利空间也就很高。

五、超涨主力减仓的资金流出

我们发现，股价上涨空间越大，主力出货的意图就更容易出现。事实上，主力投资者持股和操盘的过程也是为了盈利，这是有目共睹的。而资金流出是确认主力出货的有效手段。在拉升股价期间，股价已经被主力控盘，即便资金流入规模不大，价格也很容易出现明显的回升。而一旦股价上涨到位，主力在某一个交易日开始明显卖出股票的时候，资金流出规模就远远高于前期资金流入量，这是股价见顶回落的信号。当我们确认了股价见顶以后，就可以确认做空操作的时机了。

资金流出的规模达到价格回升以来最大规模，股价即便还未出现明显的下挫，我们也应该考虑卖出股票。没有主力操盘的股价抛售压力逐步增加，价格只会加速杀跌，而卖出股票的时间拖得越长，我们遭受的损失也将更大。

图 4–5 为塔牌集团分时图和日 K 线图。

要点解析：

（1）图 4–5 显示，日 K 线图中股价明显单边上涨的时候，我们确认股价回升趋势已经明显加强。该股从短线低位的 10 元回升到 26 元上方，涨幅高达 160%。主力拉升期间盈利非常丰厚，这也为出货提供了机会。

（2）当主力盈利丰厚的时候，资金流出规模分别在两个交易日中达到 2 亿元和 4.6 亿元。这种资金大量流出的情况是近三个月里从未

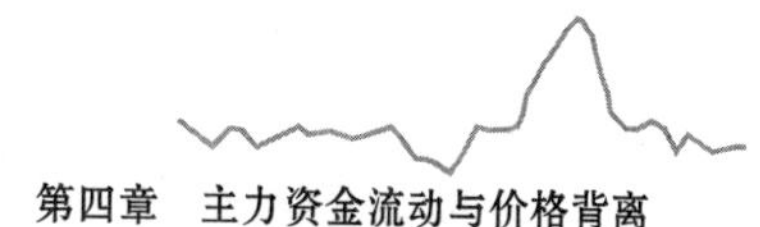

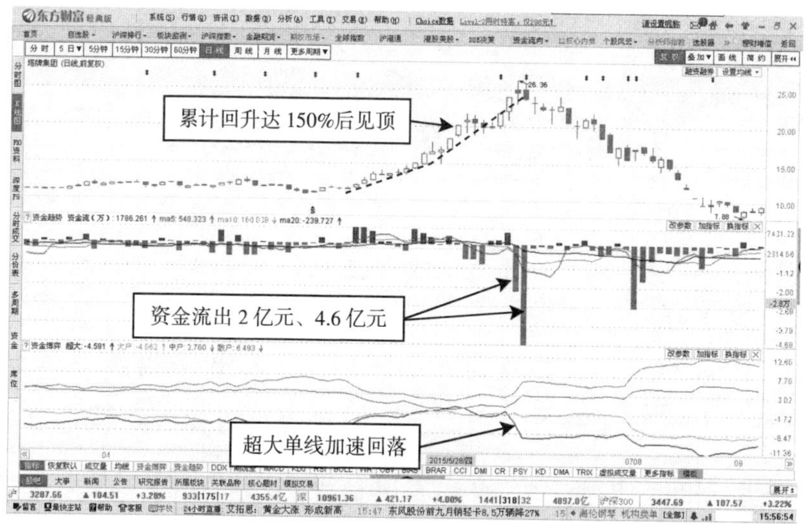

图 4-5　塔牌集团分时图和日 K 线图

有过的。主力出货节奏非常快，以至于如果我们不及时卖出股票，就不可能获得更高的收益。

（3）从超大单线的表现来看，图中超大单线明显加速回落，这是主力出货的表现。超大单线回落以后维持低位运行，可见资金流出的情况并未结束。资金流出规模扩大以后，该股进入单边回落趋势。直到股价从 26 元高位回落至最低 7.5 元，我们发现持股的投资者已经将 71%资金亏损殆尽。

总结：当资金连续两个交易日流出达到一年以来峰值的时候，我们确认股价已经出现见顶信号。我们在这个时候抛售股票，可以规避因为价格下跌带来的损失。主力资金大量流出，价格上涨的前景已经非常渺茫。资金面看股价无法承受资金流出压力，只有价格重心回落，稳定的价格走势才会形成。主力资金流出以后，股价下跌的过程也就是多空实力再平衡的过程，同时也是我们持币观望的时刻。

第二节 资金流入阴线

资金流入对价格回升通常是比较正面的影响，股价会在资金流入的情况下出现回升走势，这是我们确认买点和获得收益的判断因素。不过实战当中我们发现资金流入期间股价也可以出现阴线形态，阴线可能会影响投资者的买卖决策，不过资金流入的事实不会改变。本节重点介绍资金流入期间出现阴线的价格走势，我们根据资金流入的阴线确认资金和价格形态的背离，确认背离期间的交易机会。

一、跌停开盘反弹回落阴线

股价进入下跌趋势以后，价格连续回落的趋势非常明显，即便有反弹走势也会以阴线收盘。阴线形态并不影响我们挖掘短线交易的盈利机会，特别是大量资金在单一交易日流入的时候，即便是阴线形态，我们也可以买入股票获得收益。在大量资金流入的情况下，阴线形态出现的时候，股价可涨可跌。关键是主力已经在短时间内大量建仓，被抛售的股票有了接盘者。

从资金流出的量来看，股价连续回落的过程中累计资金流出规模虽然很大，主力建仓期间的资金流入也非常高。那么我们判断主力资金流入期间，价格可以明显摆脱回调走势。即便是以阴线收盘，接下来的交易日中股价也会在抛售压力减轻的时候出现反弹。在资金大量流入而股价完成阴线形态的时候，交易机会就出现在分时图中。我们可以不必等到资金流入的第二个交易日买入股票，而是在资金流入的当日建仓，在收盘前获得筹码。这样，我们就获得

了绝佳的建仓交易机会。

图 4-6 为号百控股分时图和日 K 线图。

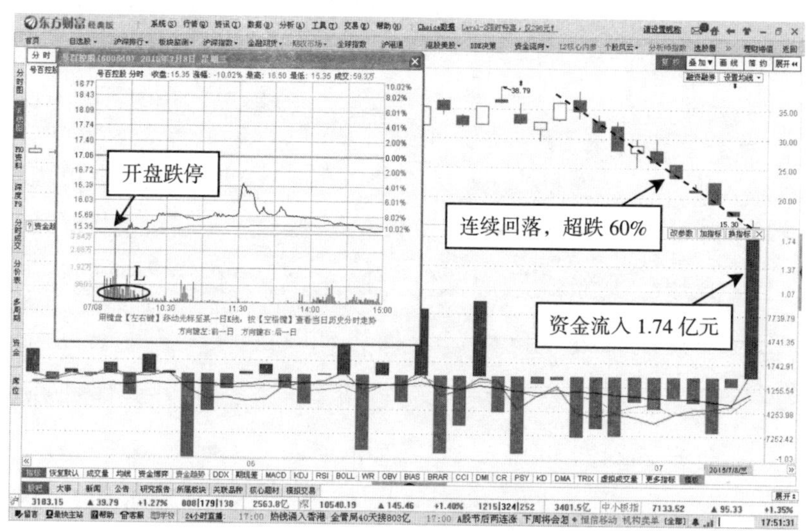

图 4-6 号百控股分时图和日 K 线图

要点解析：

（1）图 4-6 显示，日 K 线图中我们发现股价已经暴跌了 60%以上，价格单边下跌趋势非常明显。我们很难在股价下跌期间获得盈利机会，即便是短暂反弹走势，我们也不会获得利润。

（2）分时图中股价开盘跌停，这是非常典型的探底信号。价格盘中 L 位置是量能急剧放大的时候，主力投资者已经在跌停价位抄底买入股票。我们可以根据跌停价位成交的股票数量确认资金流入量，判断主力投资者介入的力度。

（3）从日 K 线图中资金流入来看，股价跌停开盘以后虽然以阴线收盘，资金流入却高达 1.74 亿元，这是非常罕见的主力介入信号。前期长达一年的时间里都未曾出现过这么大的资金流入，而股价跌停开盘期间主力入场，证明该股已经下跌到位。我们在收盘前建仓，接下来的交易日中就会开始获利。

总结：确认价格明显回落期间的买点并不困难，我们发现资金流入而股价形成阴线形态，这是资金与价格形态的背离，提示我们股价下跌到位。单一一个交易日的资金和价格形态背离以后，股价下跌空间也已经很大，我们买入股票后盈利机会很高。

二、高开回落尾盘资金流入阴线

当股价明显单边回落的时候，价格跌幅过大以后会出现技术性反弹走势。股价开盘上涨就是一种反弹形态，证明多空力量对比已经出现逆转，多方有能力改变价格运行趋势。股价高开以后很容易出现回升走势。分时图中股价高开以后再次回落，资金主力会快速介入。股价在主力资金流入以后出现反弹。总的来看，分时图中股价高开以后探底回升，尾盘股价又一次实现较大涨幅。不过收盘价格涨幅相对开盘价格涨幅小了一些，相应的阴线形态就会形成。

确认资金流入大小并非难事，我们只要将资金流入量与前期价格回升期间的资金流入对比，就可以确认主力介入的位置。如果单一交易日中资金流入规模达到股价冲高回落以来的新高，并且资金流入相对于流出也高很多，那么股价反弹概率就非常大了。收盘以后股价虽然以阴线报收，主力却已经在抢筹过程中完成建仓操作。因此，我们不会怀疑股价反弹走势。价格一定会在接下来的交易日中上涨，而我们只要买入股票就能够获得收益。

图 4–7 为现代投资分时图和日 K 线图。

要点解析：

(1) 图 4–7 显示，分时图中该开盘虽然大幅回升，但是开盘以后股价震荡走低。总体来看，股价以高开后探底回升完成筑底过程。午后量能放大时，我们发现图中 H 位置的成交量较大，资金流入规模也非常高，这是主力尾盘介入的信号。

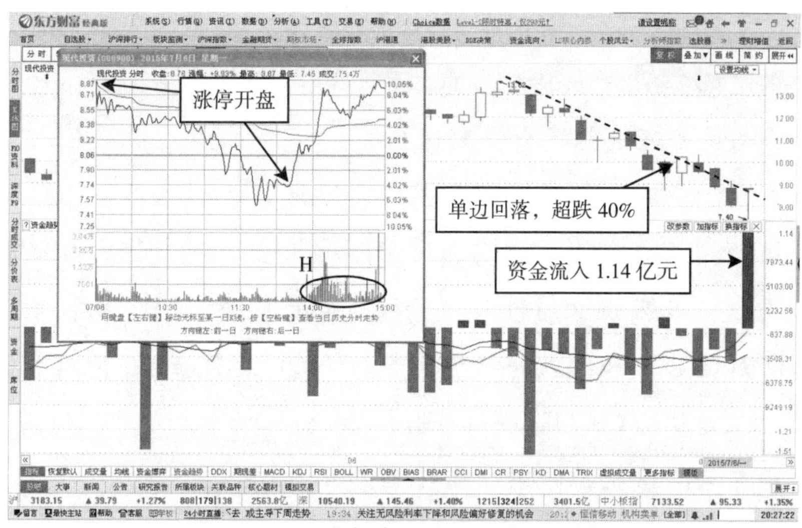

图 4-7　现代投资分时图和日 K 线图

（2）从日 K 线图来看，资金流入规模达到 1.14 亿元，而股价却以阴线收盘，这并不影响股价的筑底过程。实际上，当日分时图中股价高开以后杀跌空间较大，主力虽然大量建仓，却难以将收盘价格拉升到开盘价格上方。不过主力资金强势进入以后，接下来的交易日中卖盘自然相应地减轻，股价明显回升的阻力减小，持股的投资者自然有利可图。

总结：我们发现分时图中股价高开只是技术性反弹走势，价格探底回升期间，尾盘资金强势流入才是主力介入的信号。主力尾盘介入只为抄底，而不是要拉升股价大幅上涨。那么收盘价格低于开盘价格，自然也可以理解。不过既然主力资金已经大量流入，即便股价收盘出现阴线，依然不改变价格反弹格局。我们利用资金与价格形态背离的机会抄底，可以在接下来的交易日中大幅盈利。

三、跌停资金流入阴线

当股价连续回落以后，价格形成了明确的空头趋势，我们发现股价可以轻松跌停。一旦股价跌停，成交股票全部为投资者的建仓买入结果。这个时候，我们可以根据跌停后量能大小确认主力建仓资金数量。如果这部分成交量很大，那么我们可以计算出主力资金短线流入的量，确认价格底部的建仓交易机会。

虽然股价跌停，如果开盘价格并未跌停，那么阴线形态就会很快形成。我们判断资金流入期间出现了阴线形态，这是主力介入后的最后一次阴线。虽然股价当日没有上涨，但是接下来的交易日中价格有望出现回升走势。我们就是根据资金流入与价格阴线的背离确认建仓交易机会，提升建仓后的盈利空间。

图 4–8 为西藏旅游分时图和日 K 线图。

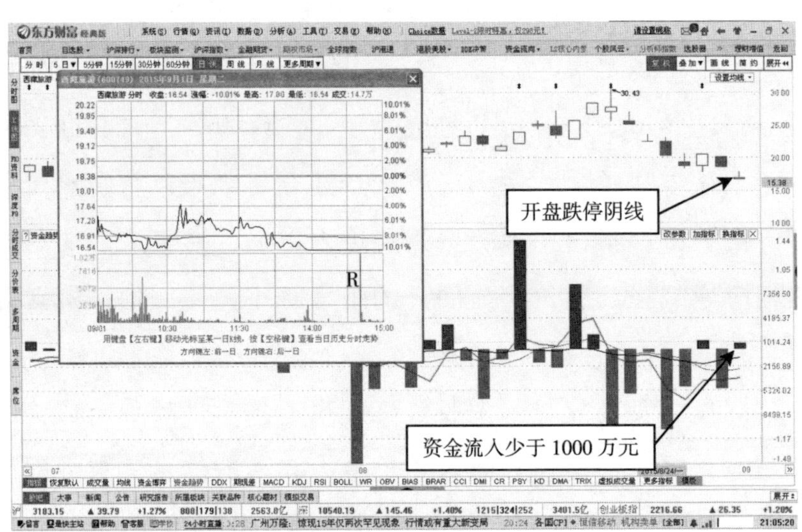

图 4–8　西藏旅游分时图和日 K 线图

要点解析：

（1）图 4–8 显示，我们发现分时图中股价低开幅度较大，低开以后该股弱势运行，尾盘已经跌停。这个时候，图中 R 位置的天量成交量出现，这是主力在跌停价位抄底的信号。我们可以确认抄底资金在 1 万手以上，显示主力介入的力度较大。

（2）日 K 线图中股价连续下挫的过程中，我们发现跌停板出现在

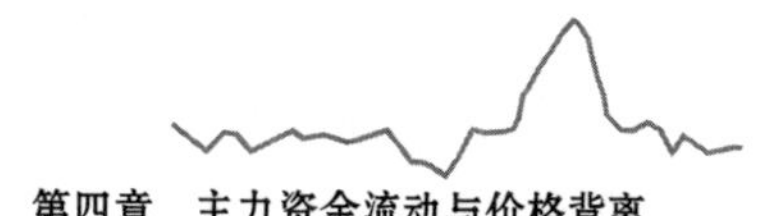

下跌图中。刚才已经说过，分时图中主力资金抄底建仓，反映在日 K 线图中为资金流入（1000 万元）的情况。可见，股价阴线形态与资金流入形成背离。主力资金虽然已经介入，价格阴线形态却还是没有改变。我们认为这是股价惯性下跌的结果，同时也是分时图中股价单边回落的结果。那么接下来的交易日中股价有望在主力介入以后出现反弹。

总结：实际上，考虑到股价累计跌幅（50%）较大的事实，我们确认资金少量流入也是主力买入股票的信号。价格难以继续杀跌，我们把握好跌停价位的建仓交易机会，可以获得反弹带来的收益。

四、高开回落反弹阴线

在分时图中，股价高开表明多方在开盘期间主导了价格走势，价格表现很强势。如果盘中多方资金没有明显流入，价格会在投资者高位抛售股票的过程中震荡下挫。当股价跌幅达到一定程度的时候，多方继续发起反攻，技术性的反弹走势出现。

从资金流向来看，由于多方整体上实力占优，资金呈现出流入状态。不过考虑到主力投资者拉升意图并不明确，尾盘资金虽然流入，股价收盘价格却不会达到开盘价格上方。这个时候，资金流入与价格阴线形态出现背离。如果这种背离情况出现在价格高位，那么我们确认是比较典型的卖点。

资金流向和价格形态的背离提示我们潜在的交易机会出现，我们按照背离的情况确认交易机会，就会发现正确买卖股票并不困难。一旦我们把握好交易点位，自然可以在短时间内获得收益。随着行情的发展，背离提供的短线交易机会通常都是难得的交易点位。按照价格高位运行的特征以及背离结果，我们卖出股票以后就规避了持股风险。

图 4-9 为羚锐制药分时图和日 K 线图。

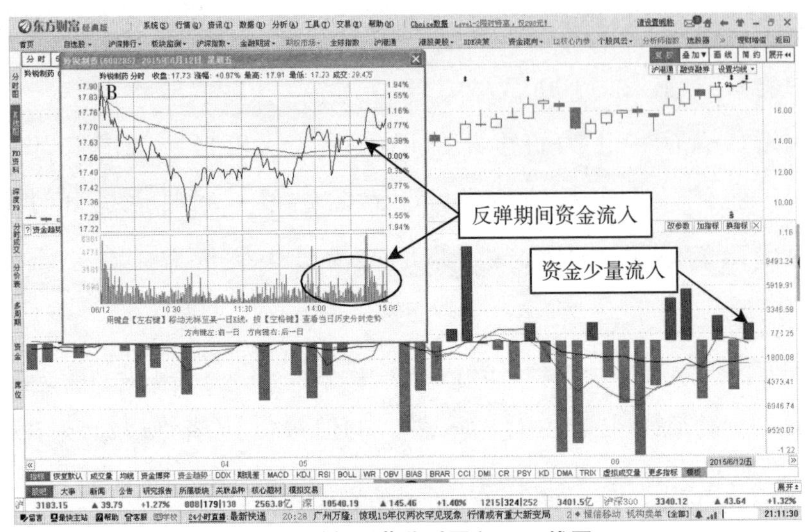

图 4-9　羚锐制药分时图和日 K 线图

要点解析：

（1）图 4-9 显示，分时图中股价 B 位置的高开走势出现，显示开盘价格表现较强。而随着量能萎缩，该股随即出现了明显的回调走势。在价格探底过程中，上午盘已经确认了支撑价位。午后量能放大的时候该股上涨收盘。

（2）日 K 线图中股价已经处于高位，同时我们发现当日资金呈现流入状态。考虑到股价收盘的阴线形态出现，该股资金流入并不是明显的买入机会。我们应该认识到资金流入和阴线形态之间的背离因素。结合价格高位运行特征，卖出股票可以减少持股风险。

总结：当我们确认阴线形态与资金流入形成背离的时候，并且价格已经处于高位，那么结合近期的资金流动方向可以确认卖点。近期资金流出的时候，即便偶然出现一次资金流入的情况，这也很难改变价格弱势格局。因为资金总体流出趋势未变，少量资金流入只是主力为了操盘而拉升股价的结果。阴线形态就暴露了主力做空的真实意图，成为我们把握卖点的信号。

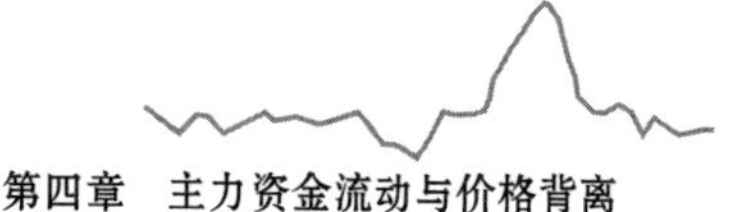

第三节　资金流出阳线

个股资金流出的过程中，主力投资者已经开始卖出手中的股票。被出售的股票数量越多，资金流出规模也越大，主力逃顶的速度也更快。我们可以根据资金流出规模来确认主力出货的时机，把握好价格逆转前的卖出机会。实战当中，资金流出期间K线表现出阳线特征，这是资金流出和价格阳线形态之间的背离信号。阳线并不影响主力投资者出货过程。相反，股价出现阳线形态以后，还能诱使散户投资者追涨买入股票为主力出货提供帮助。

一、低开盘中反弹

实战当中，我们发现股价会出现低开运行的情况，这是多空争夺后对当日价格走低的一种反应。如果主力投资者打算出货，很可能已经在开盘阶段就已经开始，那么股价低开表现出主力投资者有意做空的出货策略。而如果开盘价格反映了正常的多空分歧，那么低开一定是多方实力相对较弱而空方占优势的下跌信号。

当股价低开以后，分时图中技术性反弹期间量能萎缩，表明股价不会进入单边回升趋势。与开盘价格弱势调整走势相似，收盘价格股价也会出现回落。而尾盘是股价最容易出现杀跌走势的时刻。通过分析收盘价格我们确认股价下跌，但是K线表现出阳线形态。考虑到当日资金明显流出，那么资金流出与价格收盘形成阳线之间的背离提示我们股价见顶。考虑在价格高位卖出股票，这是非常必要的做法。

图 4-10 为上海普天分时图和日 K 线图。

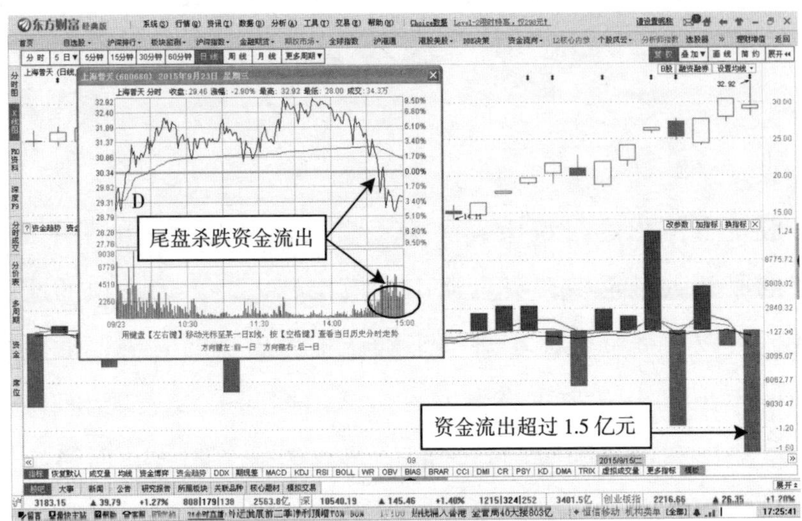

图 4-10　上海普天分时图和日 K 线图

要点解析：

（1）图 4-10 显示，分时图中 D 位置出现了股价低开走势，盘中股价虽然也出现了反弹的情况，但是显然不能达到涨停价位。从成交量来看，盘中成交量整体萎缩，而尾盘放量杀跌，资金流出非常明显。

（2）日 K 线图中股价收盘形成十字星形态，当日资金流出高达 1.5 亿元，表明主力已经在加速出货。1.5 亿元的资金流出已经是近 1 个月的新高。主力短线做空意图明显，该股虽然收盘出现阳线，价格回调却在所难免。

总结：当股价出现阳线十字星的时候，资金大幅度流出，表明主力并没有明确的拉升意图。相反，在大量资金流出以后，散户跟随主力出货的过程中，价格下跌节奏自然会加快。我们在主力出货的当日减少持股，可以降低因此带来的损失。

二、低开尾盘拉升

股价低开走势出现以后，表明主力投资者已经在开盘期间打压股价，价格很难有好的表现。这个时候，我们应该考虑在股价反弹期间减少持股。实战当中，我们发现股价低开超过5%的时候，通常是主力主动出货的信号。开盘阶段资金已经在快速流出，以至于价格在分时图中的低位运行时间较长。而随着反弹走势不断持续，我们发现分时图中尾盘出现了价格回升的情况。最后，我们结合主力开盘出货的做空意图，可以发现尾盘卖出股票是非常好的做法。

在收盘前，我们就能够发现资金其实已经出现了大量流出。这样一来，即便股价尾盘反弹走势形成，这种反弹走势也不可能得到延续。事实上，技术性的反弹不会影响主力的出货意图。尽快卖出股票，可以避免在接下来的交易日中出现损失。

图4-11为浙大网新分时图和日K线图。

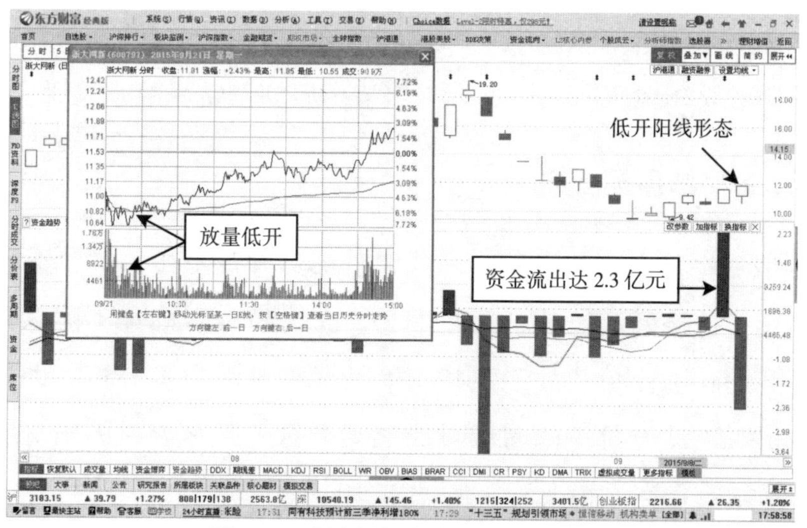

图4-11　浙大网新分时图和日K线图

要点解析：

（1）图 4-11 显示，股价低开以后快速回落，分时图中开盘不足 5 分钟跌幅已经达 7%。这个时候，我们发现成交量从开盘的放量到盘中缩量，量能变化趋势非常明显。技术性的反弹走势中，尾盘该股出现了短线放量拉升走势。

（2）从日 K 线来看，收盘前我们就能够确认阳线形态。虽然股价涨幅不大，但是开盘下跌较大，因此该股轻松完成了阳线形态。与阳线形态同步出现的是，当日资金流出高达 2.3 亿元。如此大的资金流出，是近期比较典型的出货时刻。

（3）当我们确认阳线形态和资金流出趋势的时候，就很容易发现阳线和资金流出之间的背离情况。在资金流出以后，股价短线一定是承受抛压的。我们只需要与主力同步减少持股就能够完成出货动作。减仓以后，我们自然规避接下来交易日中的下跌风险。

总结：在股价大幅下跌以后，短线技术性反弹很容易成为主力投资者减仓的机会。特别是资金流出的情况下，即便股价收盘完成阳线形态，接下来股价依然会继续回调。那么我们可以在资金明显流出的时候减少持股，规避阳线和资金流出背离后的调整风险。

三、T 字涨停板出货

T+字涨停板出现的时候，表明股价虽然开盘涨停，但是分时图中还是出现了价格回调走势。这是因为，主力投资者已经不能忍受高位持股，开始在涨停价位放手出货了。从成交量的角度分析，如果分时图中股价脱离涨停价位的时候量能达到天量，意味着主力出货资金很大，价格很难再次大幅上涨。

在主力明显卖出股票以后，分时图中成交量虽然很小，但是相比较资金流出前明显放大。这个时候，散户投资者也在跟随主力卖出股票，委托买入股票的资金不断减少。这种买涨资金消耗的趋势延续下来，接下来价格下跌概率就很高了。虽然我们发现股价在收盘前依然维持涨停状态，不过考虑资金流出量较大，接下来股价一旦出现低开走势，价格下跌就很容易出现。即便不去清仓，考虑减少持股数量也是非常必要的。

图 4–12 为华远地产分时图和日 K 线图。

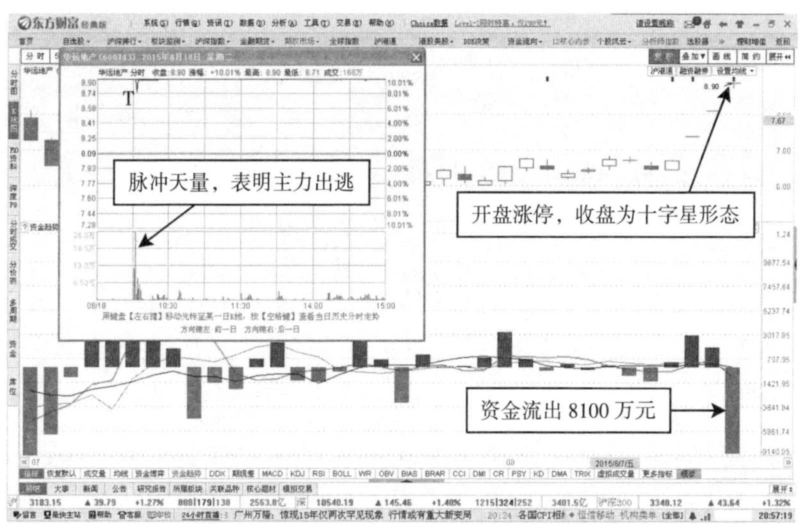

图 4–12　华远地产分时图和日 K 线图

要点解析：

（1）图 4–12 显示，分时图中我们发现股价短时间内脱离涨停价，而成交量也达到天量状态，这是资金大量出逃的信号。从成交量的股票数量来看，两分钟内卖出股票高达 37 万手，涉及资金为 3.29 亿元。

（2）分时图中仅有的一次股价脱离涨停板的情况出现在上午盘，下午盘中股价始终处于涨停价位。我们确认当日收盘的价格形态为 T 形态。该形态是阳线形态与资金流出背离，是我们卖出股票的信号。

（3）日 K 线图中价格以 T 字形态见顶的时候，我们发现当日资金流出规模达 8100 万元。这种资金流出规模是两个月来非常明显的资金出逃，我们据此确认减仓时点就可以规避回调风险了。

总结：T 字涨停板出现在价格高位，表明主力投资者开始大量暗中出逃。不管是从减仓角度分析还是从清仓角度来看，我们都应该卖出股票。我们短线减仓资金应该在 60%以上，只有这样才能够尽可能地降低大幅亏损的可能。

四、缩量拉升资金流出

在主力缩量拉升股价的时候，我们确认这种回升走势难以延续。因为买涨资金量不足，价格很容易出现见顶的情况。那么根据缩量上涨的趋势，我们可以确认量能明显萎缩期间的卖点。实际上，成交量萎缩期间股价震荡回升，资金流出的概率很大。通过资金流向发现，我们可以在价格见顶前确认见顶信号。

即便股价收盘出现明显的上涨，考虑到资金流出的事实已经难以避免，我们也应该早一些确认股价见顶的走势。如果我们在股价收盘上涨的情况下卖出股票，虽然相比较分时图中的最高价我们已经亏损。但是相比前期，我们是在盈利的情况下完成减仓动作的。这样一来，我们减仓操作就显得非常明智了。我们能够卖在日 K 线图的相对高位，自然获得了足够的收益。

图 4-13 为大连控股分时图和日 K 线图。

要点解析：

（1）图 4-13 显示，分时图中我们发现股价以缩量形式拉升，并且盘中股价最大涨幅达 9.28%。但是这种无量冲击涨停板的走势很难得到延续，下午盘股价在量能萎缩的情况下震荡下跌，就很能说明问题。

（2）日 K 线图中，我们发现资金流出规模高达 1.8 亿元，阳线形态显然与资金流出形成背离。该股以阳线收盘的时候，价格涨幅仅为 4.57%，相比分时图中最大涨幅 9.28%明显回落。我们确认价格难

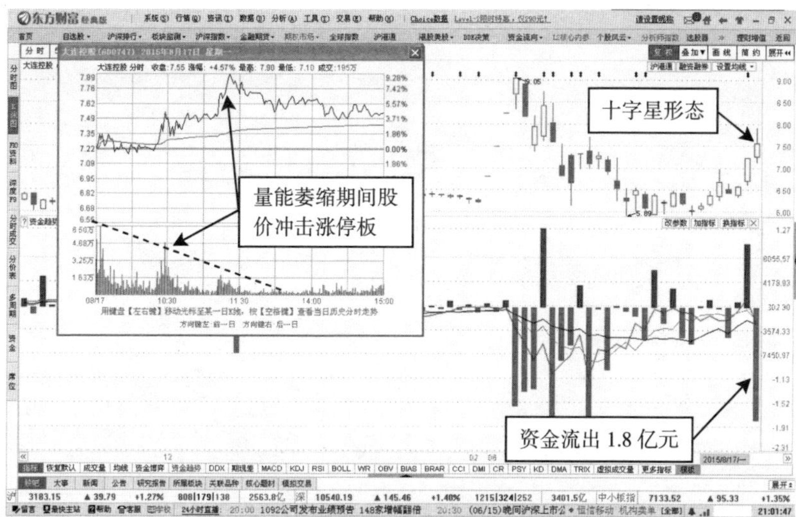

图 4–13　大连控股分时图和日 K 线图

以继续上涨，特别是在主力放手做空以后，我们提前减仓还是非常有必要的。

（3）多数股票在日 K 线图中见顶以后，我们都会发现明确的明显的冲高回落走势。不管是阳线的冲高回落还是阴线的冲高回落，一旦资金同步流出，确认顶部信号就轻松多了。该股当日资金流出达 1.8 亿元，已经提示我们主力出逃。

总结：分时图中，股价以缩量形式大幅回升的过程中，追涨买入股票的资金数量非常有限。我们确认股价难以形成单边上行趋势，而资金在盘中出逃也提示我们价格即将见顶。我们不必等到股价收盘形成阳线的时候才考虑卖出股票，在分时图中的价格高位减持是必要的做法。

第五章　贴近实战的分时图中背离形式

分时图中价格背离持续时间不长，我们可以通过背离确认短线交易机会，提升盈利空间。特别是我们没能发现价格反转迹象的时候，单边行情中的价格反转往往是在背离以后开始的。背离持续虽然不长，提供的短线交易机会不容忽视。如果日 K 线图中股价已经出现了反转迹象，而分时图中背离提供的交易机会与日 K 线图的反转方向一致。那么我们可以在收盘前确认交易方向，以便成功应对日 K 线图中的价格反转。

本章以 MACD 指标、RSI 指标和 BIAS 指标讲解分时图中的背离走势，帮助投资者把握分时图交易机会。

第一节　日内背离与日内交易机会

在分时图中，我们会发现股价走势表现为明显的强势，这是比较难得的看涨信号。不过，如果这种强势表现持续时间较短，股价继续上涨的动力不足，那么技术指标上表现出与股价背离，短线高位的卖点就会出现。分时图中背离出现的概率很高，通常，持续半小时以上的背离是比较有效的交易信号，是我们短线交易的机会。

一、有效的日内背离持续时间

通常，分时图中持续半小时的背离会比较有效，半小时的背离时间已经足够长，股价折返走势很容易形成。确认半小时以上的背离形态出现，我们可以根据量价关系确认交易机会。如果同期成交量继续放大趋势也开始减弱，那么回升中的股价将遭遇反转走势，价格高位的卖点就会出现。

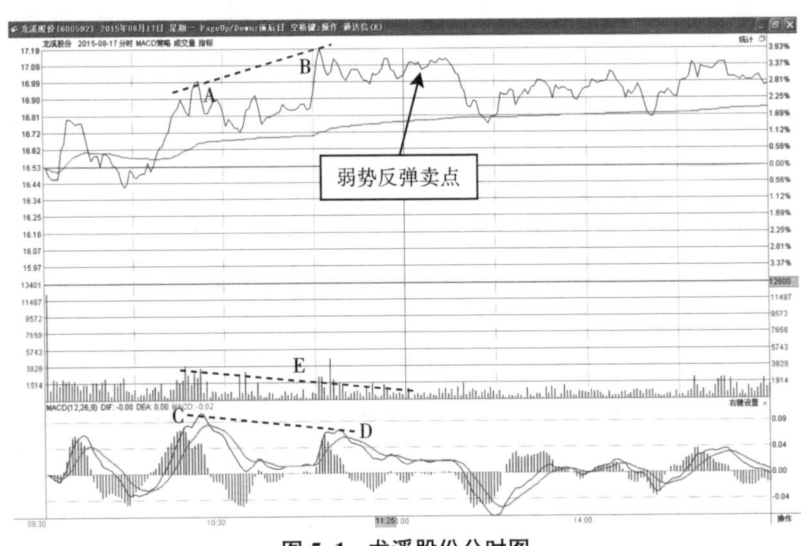

图 5-1　龙溪股份分时图

要点解析：

（1）图 5-1 显示，我们确认该股开盘以后震荡回升，期间 A 和 B 位置股价达到高位。如果我们观察成交量变化，可以发现图中 E 位置的量能逐步萎缩，这提示我们该股继续上涨的潜力已经不大。

（2）从 MACD 指标的表现来看，我们发现图中股价从 A 到 B 回升期间，同期 MACD 指标从 C 到 D 位置出现回落，这是非常典型的背离形态。当股价在 B 位置见顶的时候，接下来价格横向运行，这是无量上涨的卖点。

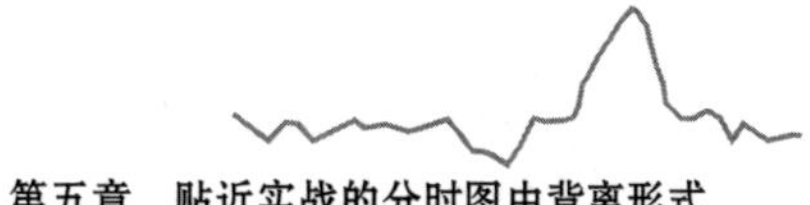

总结：如果我们想要在当日的价格高位减仓，MACD 指标与股价背离的时候出现了典型的卖点。当日该股收盘涨幅有限，这表明我们减持的价位比较高，是非常好的短线卖点。确认 MACD 指标与股价顶背离出现以后，减仓是不错的选择。

二、交易机会出现的位置解读

在股价强势回升阶段，分时图中价格再创新高，同时 MACD 指标出现了背离回落的走势，这是我们减仓交易的信号。两次价格高位与 MACD 指标的背离间隔时间越长，表明这种背离提供的交易机会越强烈。

通过确认 MACD 指标与股价的顶背离，我们可以把握好价格高位的减仓交易机会。实战当中，我们发现价格在尾盘可以表现得非常强势，尾盘价格上涨与指标的背离形态可以提示我们减仓机会。

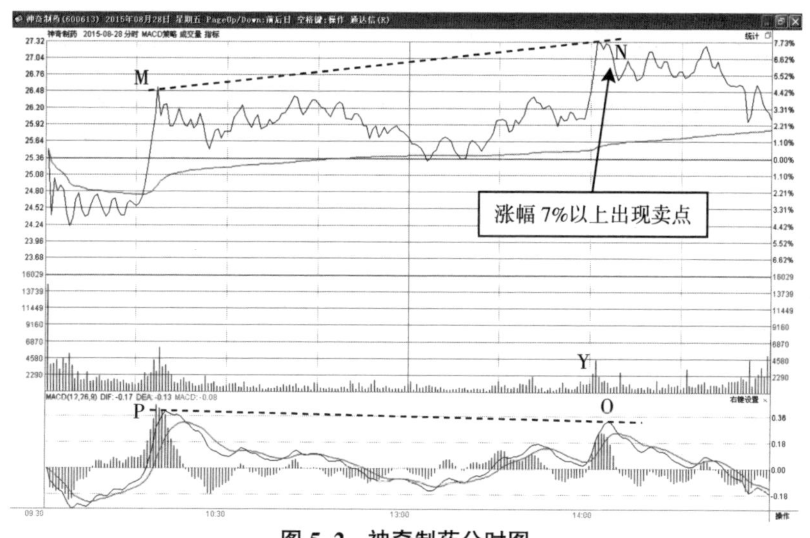

图 5-2　神奇制药分时图

要点解析：

（1）图 5-2 显示，开盘不久该股完成探底回升走势，图中 M

位置股价达到短线高位，这是该股表现强势的信号。与此同时，我们确认 MACD 指标也在 P 位置达到高位，指标和股价同步回升趋势加强。

（2）当股价在尾盘二次拉升的时候，我们可以发现对应的 Y 位置的量能相对于开盘阶段萎缩，这是股价不能持续走强的重要信号。同时，我们也发现 MACD 指标 Q 位置要低于 P 位置，而价格 N 位置显然要高于 M 位置，说明 MACD 指标与股价形成顶背离。背离以后价格面临调整风险，我们应该尽快减少持股才行。

总结：股价在尾盘无量拉升，价格与 MACD 指标形成顶背离的时候，股价两个顶部相隔 4 个小时，这是比较有效的背离形态。我们确认了背离形态就可以放心卖出股票了。尾盘该股快速回调，收盘涨幅相对于高位回落 4%以上。分时图中有效的背离形态确认的卖点不容忽视。

第二节　MACD 指标与股价底背离

MACD 指标与股价出现底背离的时候，价格虽然再创新低，但是 MACD 指标中的 DIF 线却已经逆势回升。从指标的表现来看，DIF 线的底部抬高的时候，就意味着股价即将走强。我们根据 MACD 指标与股价背离确认底部以后，短线买入股票可以获得收益。如果这种背离出现在股价大幅回落以后，那么我们继续持股，可以在接下来的一些交易日中扩大盈利。

一、上午盘超跌背离买点

在上午盘中，我们确认股价高开回落以后，价格下跌趋势可以在短时间内维持。通过分析 MACD 指标，我们发现该指标中的 DIF 线虽然也在回落，但是 DIF 线已经不能再创新低。那么在股价短线反弹期间，DIF 线底部抬高的情况恰好与股价再创新低形成背离。这种背离第一次出现的时候，就意味着股价即将摆脱下跌趋势。技术性的反弹走势很快形成，我们把握好背离买点就会快速盈利。

从 MACD 指标与股价背离开始，指标技术性反弹期间就确认了价格企稳的过程。MACD 指标的 DIF 线突破了 0 轴线的时候，多方占据了主动，股价运行更加趋于强势。我们可以适时把握好交易机会，提升盈利空间。

图 5-3 为圣农发展分时图和日 K 线图。

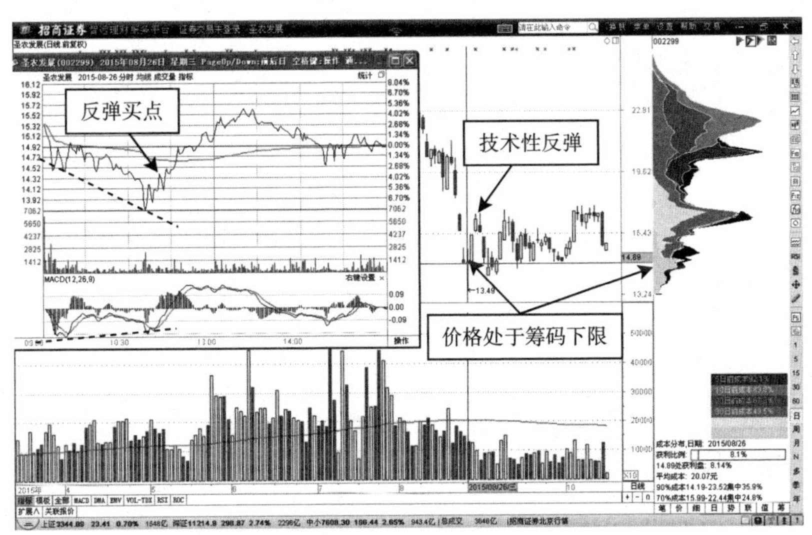

图 5-3　圣农发展分时图和日 K 线图

要点解析：

（1）图 5-3 显示，分时图中股价高开后震荡回落，开盘一小时内的跌幅已经高达4%。而我们发现股价虽然单边回落，但是MACD指标的回落却出现了趋缓的迹象。也就是在股价探底期间，DIF线的低点回升，提示我们MACD指标已经与股价形成底背离。

（2）在MACD指标与股价底背离以后，图中DIF线在T位置突破了0轴线，是我们确认建仓时机的位置。DIF线突破0轴线以后，表明多方已经掌握了主动权。价格可以摆脱图中格局，我们买入股票自然可以盈利。

（3）日K线图中该股的确出现了反弹走势。考虑到股价分时图中确认短线支撑的时候，价格已经处于筹码峰下限。这个时候持股投资者的盈利空间有限，该股的反弹需求非常强烈。

总结：股价下跌空间本身已经较大的时候，分时图中确认的背离买点不仅仅是日内交易的买点。同时，我们将分时图中的价格反转放在日K线图股价回落中，可以确认价格完成探底的过程，同时又具备了继续走强的基础。操作上看，我们应该把握好股价回调带来的交易机会，提升盈利空间。

二、超跌期间盘中背离买点

在分时图中，我们发现股价明显处于下跌趋势的时候，价格完全会单边下挫直至达到跌停状态。这个时候，MACD指标的表现非常强势，指标中的DIF线并未在创新低。那么可以看出，DIF线很可能已经与股价的下跌形成低位背离形态。我们确认了两者的背离以后，就可以发现分时图中的建仓交易机会了。

事实上，分时图中DIF线回升趋势越是明确，价格下跌期间的背离越大，相应的建仓交易的风险也会更小。我们确认了价格低点的建仓交易时机以后，可以在股价低位运行的时候抄底买入股票。也就是说，分时图中股价单边下跌的时候，尾盘继续出现价格低点。我们可以利用价格低点买入股票，获得筹码后自然在接下来的交易日中盈利。

图 5-4 为亚通股份分时图和日 K 线图。

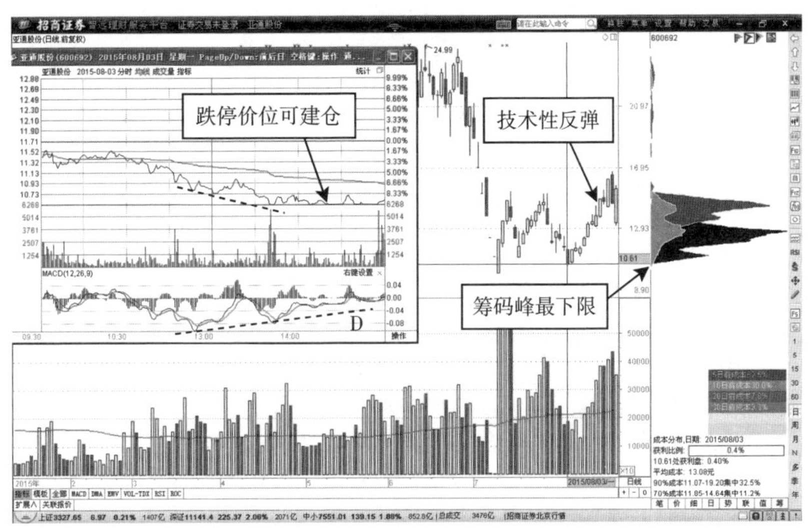

图 5-4 亚通股份分时图和日 K 线图

要点解析：

（1）图 5-4 显示，分时图中股价已经出现低开的情况，而盘中价格下跌速度较快，尾盘股价已经处于跌停状态。在价格快速回落的时候，我们发现 MACD 指标已经出现了逆势回升的走势。DIF 线探底回升速度很快，这是难得一见的背离信号。

（2）图中 D 位置的 MACD 指标回升空间更大，而股价已经处于跌停状态。考虑到背离早早的出现，我们可以大胆买入股票等待获利。

（3）日 K 线图中该股前期下跌空间较大，而该股收盘处于筹码峰下限，持股投资者几乎全部亏损。这个时候，分时图中的背离提示股价短线见底。我们买入股票以后，日 K 线图中反弹走势就为我们提供了盈利点。

总结：当我们确认日 K 线图中股价已经大幅回落的时候，分时图中股价回落与指标背离就提供了买点。我们利用 MACD 指标的 DIF 线与股价低位背离的机会买入股票，建仓在股价跌停之时，有机会获得反弹带来的超额回报。

三、尾盘背离买点

在股价明显单边回落的时候，我们发现尾盘价格下跌的概率很高，是我们比较容易把握的低价建仓位置。如果我们通过技术指标确认尾盘已经出现背离走势，那么抄底买入股票的盈利概率很大。实际上，尾盘股价的超跌提示我们买点已经出现。考虑到已经接近收盘，我们在尾盘建仓可以锁定持仓成本。在日 K 线图中价格已经明显回落的情况下，我们尾盘买入股票后盈利概率很高。

通常，如果股价继续下跌的概率不高，那么我们发现尾盘价格下跌通常是明显的洗盘动作。主力投资者并未大量抛售股票，而散户投资者卖出股票数量也不多。那么价格下跌仅仅是前期下跌趋势的延续，而并非是单边趋势加速的信号。与此同时，我们通过 MACD 指标与股价底背离确认了价格反转点。我们考虑在分时图中尾盘低价建仓，自然是有利可图的。

图 5-5 为方正电机分时图和日 K 线图。

要点解析：

（1）图 5-5 显示，分时图中我们发现股价低开以后出现反弹走势。但是整体来看股价反弹空间非常有限，多数时间里股价处于缩量回调走势中。下午盘中股价下跌趋势出现明显加速，但是 MACD 指标与股价出现底背离，提示我们价格下跌空间已经过大。

（2）当 MACD 指标的 DIF 线震荡回升的时候，我们确认尾盘股价与 MACD 指标背离，这是不错的建仓信号。考虑到分时图交易时间不长，在即将收盘的时候我们可以买入股票。尾盘价格下跌空间较大，而相应的建仓交易机会就出现在尾盘。

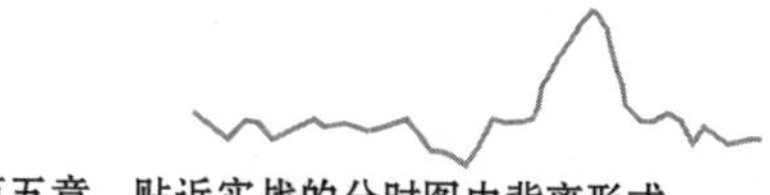

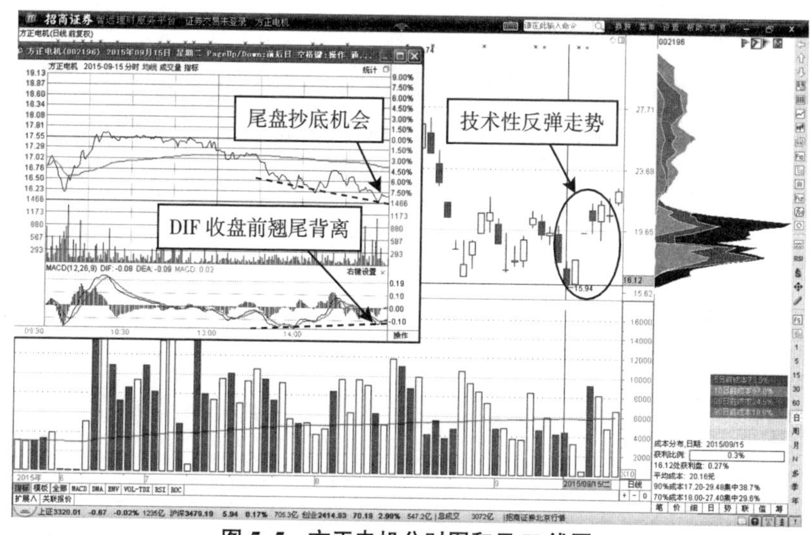

图 5-5 方正电机分时图和日 K 线图

（3）日 K 线图中我们发现股价已经一再下挫，价格跌幅较大的情况下，我们完全可以将分时图中的背离确认为不错的买点。这种买点提供的不仅是盘中的盈利，而且是接下来股价反弹期间比较大的盈利潜力。事实上，考虑到股价处于下跌趋势中的筹码峰下限，多数投资者的盈利空间已经明显收窄。一旦股价开始反弹，期间的盈利机会自然较大。

总结：在股价明显超跌的阶段，分时图中尾盘股价单边回落，期间的指标和股价背离形态值得关注。毕竟背离时间虽然不长，但是已经表明股价下跌到位。我们结合日 K 线图中股价超跌表现，可以确认分时图中尾盘是波动行情低位的不错买点。

第三节 MACD 指标与股价顶背离

在分时图中，我们发现价格无法继续回升以后，MACD 指标就会与股价形成背离。这种背离提示我们价格已经处于高位，我们卖出股票可以减少亏损。背离可以出现在开盘以后一小时内，盘中和尾盘也可以出现背离。不同的是，开盘阶段出现的背离提供的交易机会更多，我们有机会在价格还处于高位的时候更快地减仓。尾盘MACD 指标与股价出现顶背离以后，我们高抛的机会就不多了。不过收盘前我们需要卖出大量股票，以便能够应对日 K 线图中继续出现的回落走势。

分时图中开盘以后股价短线回升，期间出现的背离表明股价无法继续上涨。从卖点来看，我们能够在开盘阶段的价格高位抛售股票，更能够获得高收益。如果背离在开盘后一小时内出现，我们有机会规避接下来长达三个小时的下跌。更重要的是，如果日 K 线图中股价已经处于高位，那么分时图中股价背离形态提示我们单边下跌走势会出现。如果我们没有把握好卖点，接下来遭受的损失就会非常大了。

分时图中盘中、尾盘出现的背离起到了同样的提示作用消失，只是股价回升持续到盘中或者盘尾的时候才形成背离，我们只要按照背离减仓的策略交易，就可以万无一失。

一、开盘反弹背离卖点

在分时图中，开盘半小时内的价格走势最容易受到投资者情绪影响。股价短时间内的大跌和大涨不一定就是当日价格运行方向。特别是通过 MACD 指标判断出现背离形态的时候，价格逆转的概率就很高了。我们可以通过开盘后一小时内的背离确认交易机会，这样就可以更好地应对价格下跌。

实际上，从成交量的放大情况来看，开盘后短线放量是股价强势反弹的重要基础。价格持续回升空间虽然不大，但是量能集中在短时间内放大。我们确认量能维持时间不长，量能无法放大的时候自然出

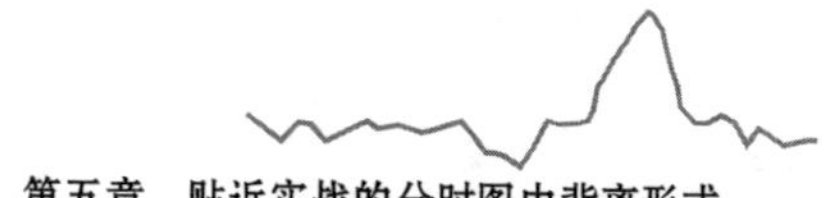

现背离形态。分时图中交易时间仅有 4 个小时，当我们首次确认 MACD 指标与股价出现顶背离，就可以考虑卖出股票了。分时图中背离出现次数通常不超过一次，我们可以在首次背离后把握好卖点。

图 5-6 为华发股份分时图和日 K 线图。

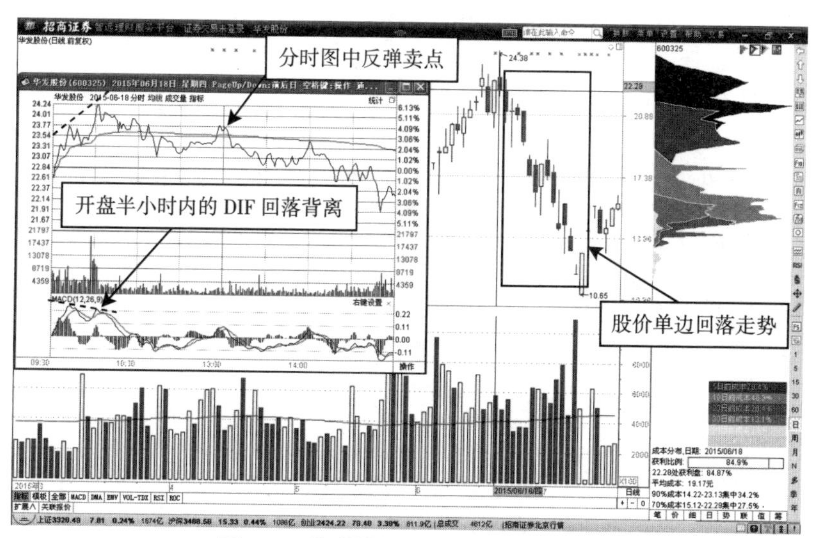

图 5-6　华发股份分时图和日 K 线图

要点解析：

（1）图 5-6 显示，分时图中股价开盘就已经出现了快速回升的情况。在量能放大的半小时内，价格涨幅已经达 6%。同期 MACD 指标中的 DIF 线却已经回落，表明 MACD 指标与股价回升形成背离。

（2）从卖点的把握来看，图中股价回落期间的反弹走势中，我们可以在短线高位卖出股票。实战当中，这种反弹走势价格涨幅可大可小，我们在背离后的第一时间里减仓，能够获得更好的卖点。同时，也能减少因为价格回落造成的损失。

（3）日 K 线图中显示，股价已经处于高位运行的情况下，我们发现交易机会出现在分时图中。分时图中背离走势出现以后，该股日 K 线完成阴线形态，这成为价格大幅下跌的起始形态。

总结：在分时图中，开盘半小时内就已经出现了 MACD 指标和股价的背离形态，这是价格加速回落的信号。分时图中股价从开盘后不久开始回落，这种下跌趋势非常明显。分时图中背离后股价下跌可以延续下来，背离提供的卖点成为当日股价的最佳卖点，同时也是日 K 线图中价格高位的典型做空位置。

二、盘中无量拉升背离卖点

在分时图中，价格表现强势的时间可以很长，而 MACD 指标与股价的背离可以出现在盘中，而不是开盘阶段。那么这个时候我们就应该关注走势较强股票的表现了。通过分析成交量，我们发现量能不可以明显放大，这成为股价出现波段顶部的根本原因。特别是分时图中股价明显拉升以后，价格在盘中继续回升的潜力不大。而一旦量能萎缩，股价很难进入涨停板。这个时候，股价缩量见顶的概率提升，我们通过 MACD 指标与股价的背离确认高位卖点，自然可以规避高位持股风险。

实战当中，我们发现股价在盘中表现强势的时候，成交量的短线放大都很明显。而股价没能涨停却已经处于涨幅高位，量能明显萎缩的时候，典型的背离形态非常容易确认。

图 5-7 为山东如意分时图和日 K 线图。

要点解析：

（1）图 5-7 显示，分时图中股价开盘已经出现了一定的涨幅，而盘中经过短暂回调以后价格企稳回升。上午收盘前该股涨幅达 7%，这已经是盘中价格涨幅高位。

（2）通过分析 MACD 指标我们发现，DIF 线在盘中股价滞涨的时候出现回落。股价维持高位运行，并且涨幅达到新高的时候，DIF 线背离回落表明 MACD 指标不能支撑价格上行。我们确认该股盘中的背

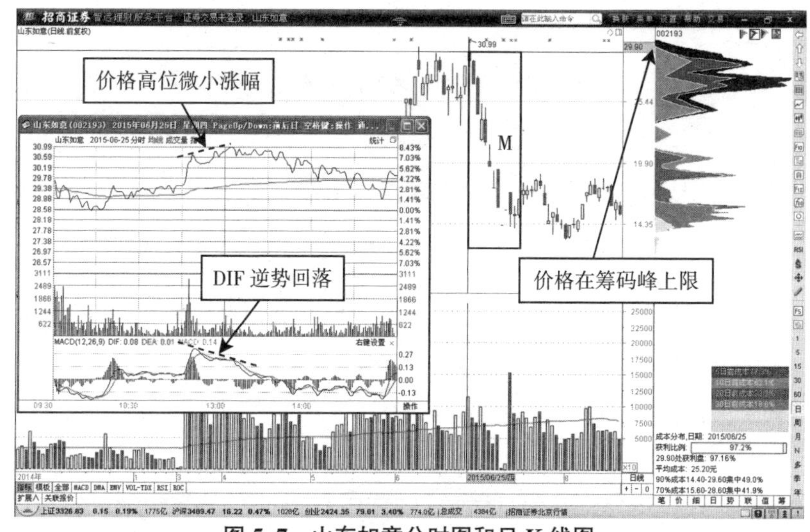

图 5-7　山东如意分时图和日 K 线图

离成为价格见顶的信号，这提示我们可以卖出股票了。

（3）日 K 线图中 M 位置价格明显杀跌，这是在分时图中背离以后出现的显著下跌走势。我们发现股价下跌前，该股已经处于筹码峰上限。也就是说，多数投资者已经在前期股价回升的时候盈利。止盈推动的抛售压力较大，这也是股价大幅回落的重要原因了。

总结：因为存在 10%的涨停限制，价格盘中涨幅较大的时候，我们很容易判断股价达到了相对高位。当价格涨幅接近涨停价的时候，股价封死涨停价的抛售压力会很大。而 MACD 指标与股价出现背离，就提示了我们这种抛售压力增大的卖点。

三、尾盘反弹背离卖点

在分时图中，股价表现强势的时候，价格回升可以延续到尾盘。既然股价表现较强，延续到尾盘的回升走势中股价可以轻松涨停。通常尾盘涨停的股票不具备追涨的基础，而我们可以通过 MACD 指标和股价之间背离形态确认尾盘卖点。

我们确认尾盘 MACD 指标与股价背离前，可以发现上午盘中价格表现并不理想。特别是在股价低开调整的时候，盘中股价反弹以后持续上涨，这很可能是难以维持的回升趋势。既然是难以延续的回升走势，我们就可以通过背离确认卖点了。

如果 MACD 指标与股价的背离仅仅出现了一次，我们可以确认减仓交易机会。而当背离连续两次出现的时候，即便尾盘股价已经顺利涨停，我们依然要考虑清仓。两次背离以后价格难以维持高位运行，我们确认清仓交易机会不会有任何问题。

图 5-8 为沧州明珠分时图和日 K 线图。

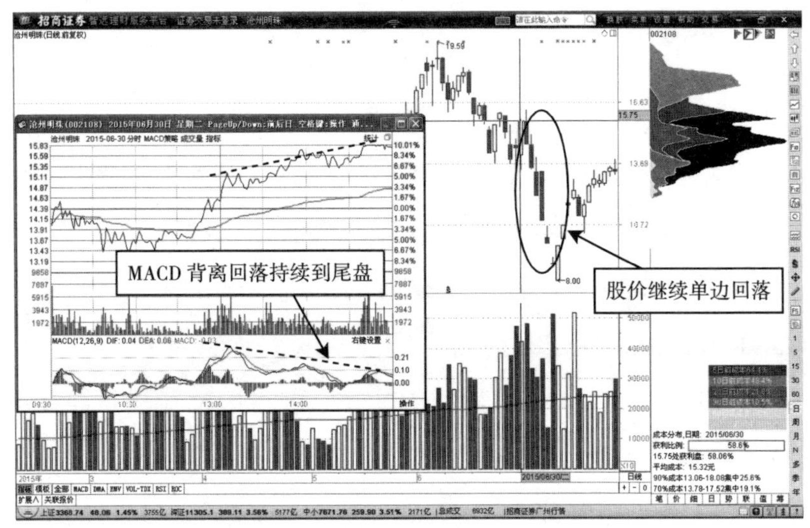

图 5-8 沧州明珠分时图和日 K 线图

要点解析：

（1）图 5-8 显示，分时图中我们发现上午盘该股走势并不理想，价格低开以后弱势震荡。在 11：00 以后，该股出现了企稳的迹象。盘中股价缓慢回升，这种回升趋势持续到尾盘。

（2）在分时图中，股价仅仅在午后表现强势，这并非主力拉升股价的典型走势。相反，主力做多意图并不明显，价格午后上涨的时候 MACD 指标已经逆势回落。我们确认 MACD 指标逆势回调之时出现了

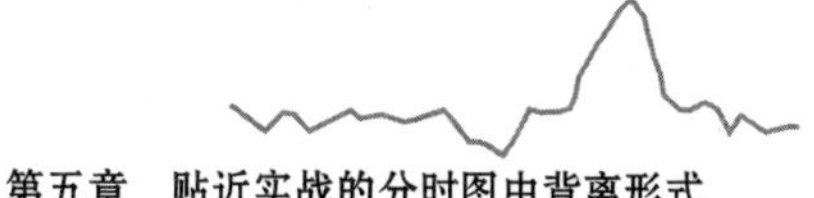

DIF 线的两个顶部背离形态，这是我们考虑尾盘清仓的信号。

（3）日 K 线图中我们发现涨停走势出现在短线高位。涨停之时价格还未明显跌破筹码峰。大量持股的投资者盈利空间明显收窄，这个时候，我们确认的分时图背离卖点是不错的清仓时机。

总结：分时图中股价尾盘涨停的走势中，多数是主力投资者诱多拉升所致。一旦我们尾盘追涨买入股票，就会造成价格回调带来的损失。那么通过 MACD 指标与股价背离我们发现了尾盘的高位清仓机会。在价格还未明显跌破筹码峰前，我们清仓依然有利可图。

第四节 RSI 指标与股价底背离

RSI 指标波动空间有限，计算周期为 12 日的 RSI 指标波动空间一般在 20~80。如果指标超过这一区间，就会出现超买或者超卖现象。如果 RSI 指标达到 20 以下或者 80 以上的区域，指标和股价的背离形态就容易出现。RSI 指标与股价背离之时，表明价格运行趋势即将出现逆转。我们通过背离确认分时图中的反向交易机会。在价格还未明显改变运行趋势的时候反向交易，可以获得更好的交易效果。

一、低开期间背离买点

由于分时图中交易时机并不算长，RSI 指标与股价的背离形成可以在非常短的时间里出现。即便如此，我们依然可以将其视为买卖的依据。只要背离出现，我们就可以考虑逆向操作了。如果股价低开的情况下出现明显的回落走势，价格回落的过程中 RSI 指标止跌回升，那么背离提供的建仓交易机会就成为典型的买点。

多数情况下，分时图中开盘半小时内价格走势很容易出现异动。价格异动的情况下，股价运行趋势可以与开盘后半小时内的价格走势相同，但是也有很多情况下是相反的。针对开盘后半小时内价格出现的异动，我们可以根据 RSI 指标的背离确认交易方向。通常背离提供的交易机会不会有太大偏差。即便股价低开后快速回调，指标与股价背离期间提供的买点都不可以忽视。

图 5-9 为中粮地产分时图和日 K 线图。

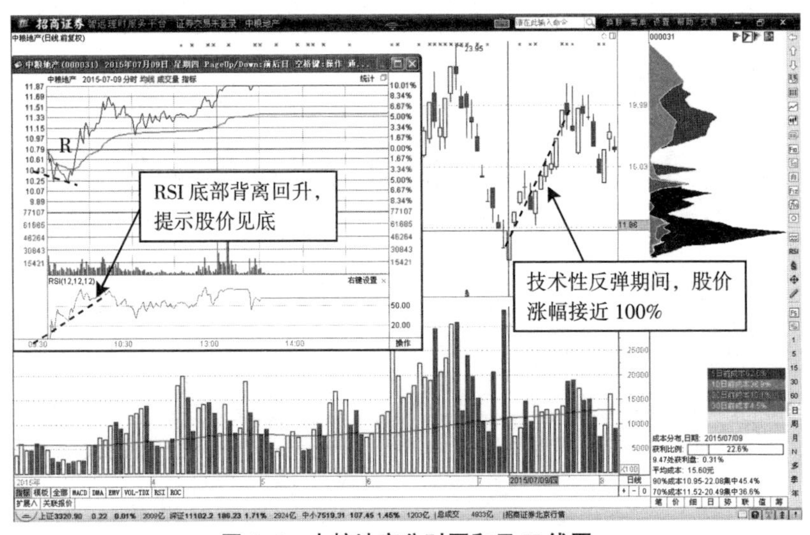

图 5-9　中粮地产分时图和日 K 线图

要点解析：

（1）图 5-9 显示，分时图中开盘半小时内股价已经出现了两次回落的底部，同期 RSI 指标的底部却在回升，表明指标已经与股价形成底背离。底背离提供的交易机会不容忽视，价格难以延续下跌走势。我们可以根据背离确认买点。

（2）无疑，分时图中 R 位置就是比较好的买点了。在这个位置我们已经确认了背离形态，买入股票可以第一时间获得廉价筹码。

（3）在分时图中买入股票盈利以后，日 K 线图中我们发现反弹出

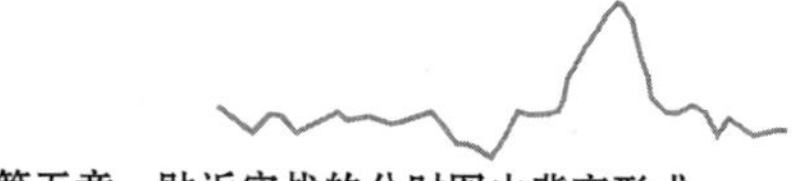

现在价格低点。筹码峰下限的抛售压力有限，这种背离后的反弹一旦确认，我们持股可以获得高收益。

总结：由于股价前期下跌速度很快，价格下跌幅度也非常大。跌幅超过 50%的情况下，分时图中背离买点正是在价格杀跌后形成的。分时图中背离和反转联动出现，特别在股价涨停之后，我们确认这种技术性的反弹只是股价大幅上涨的开始。把握好交易机会，我们可以获得高收益。

二、RSI 盘中背离买点

在分时图的盘中出现 RSI 指标和股价的底背离形态，这是股价超跌的信号。一旦我们判断股价已经超跌，考虑在价格回落的时候低价建仓，我们自然能够获得较好的回报。根据技术性反弹来确认背离后的买点，是非常容易成功的做法。

价格在下跌趋势中持续时间越长，分时图中股价杀跌的概率也会更大。盘中股价杀跌可以认为是前期下跌趋势的延续，是股价继续走低的信号。但是 RSI 指标背离回升，提示我们价格跌幅已经过多了。主力投资者并未明显出货，价格下跌可以说是趋势性下跌走势最后阶段的一跌了。在 RSI 指标逆势回升期间，指标接近并且突破 50 线的那一刻，是比较好的建仓交易机会。

图 5-10 为富奥股份分时图和日 K 线图。

要点解析：

（1）图 5-10 显示，分时图中该股高开以后震荡回落，盘中跌幅扩大以后，股价下跌达 8%。这个时候，我们观察同期的 RSI 指标底部已经抬升，表明指标与股价的底背离出现。RSI 指标底部率先企稳，表明股价盘中已经达到底部。股价继续下跌空间有限，买点就出现在 RSI 指标突破 50 线的时候。

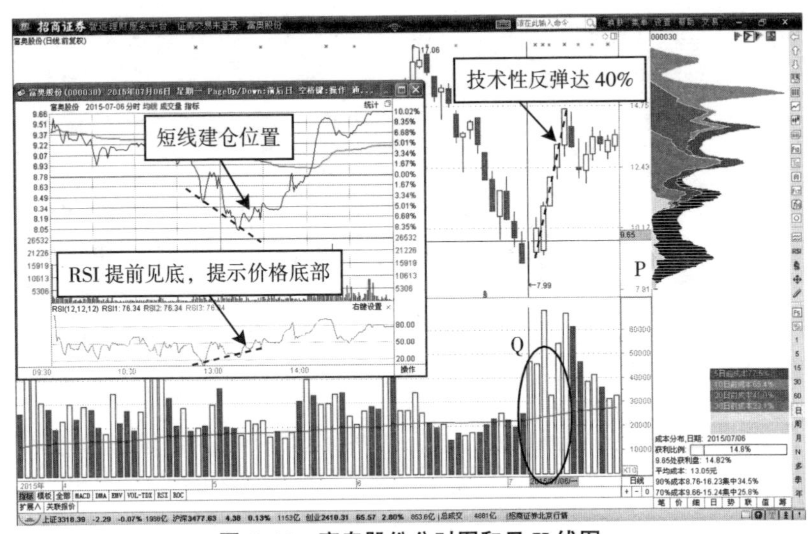

图 5-10 富奥股份分时图和日 K 线图

（2）日 K 线图中股价处于超跌后的价格低点，图中 P 位置股价已经处于筹码峰下限。当我们通过背离确认买点的时候，在 Q 位置的成交量明显放大的情况下，价格出现显著反弹。

总结：当股价在日 K 线图中明显大幅回落的时候，被确认的下跌趋势中，投资者对下跌趋势深信不疑，因此会恐慌性地卖出股票。那么我们确认价格回落是散户投资者的不理性抛售造成。而分时图中盘中价格大幅回落的时候，往往会迎来反弹走势。背离提醒我们股价跌幅过多，反弹走势即将展开，而买点也已经出现。

三、尾盘超跌 RSI 背离买点

当股价明显回落的时候，价格走势已经非常弱的情况下，这个时候的股价下跌很难延续下来。我们可以根据分时图中股价超跌确认买点，特别是根据 RSI 指标与股价出现的底背离确认建仓交易机会。

分时图中股价已经低开的情况下，价格反弹期间回升空间不大。盘中股价回升的短线高位，这是非常容易出现的走势。而午后股价继续弱势回调，价格出现了投资者不想看到的单边回落走势。直到收盘

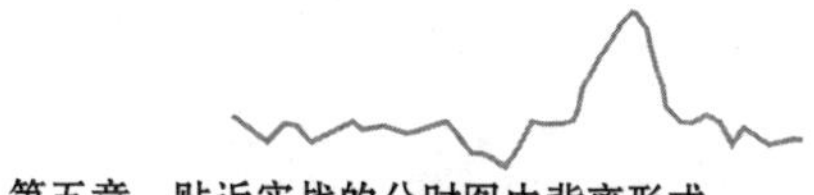

前，我们发现 RSI 指标已经确认了低点并且开始回升的时候，背离出现了。

分时图中股价保险可以非常弱势，而股价低开回落的时候就会导致背离出现。RSI 指标的运行空间通常不会低于 20。当 RSI 指标回落至 20 的低位以后，真正的技术性反弹走势提示我们买点出现在分时图中的尾盘阶段。可以确定的是，股价下午盘中单边回落期间，价格低点一定出现在尾盘。即便是背离的情况下，股价也很难出现明显的反弹走势。股价临近收盘的时候达到新低，这正是我们考虑建仓的时刻。

图 5-11 为昆百大 A 分时图和日 K 线图。

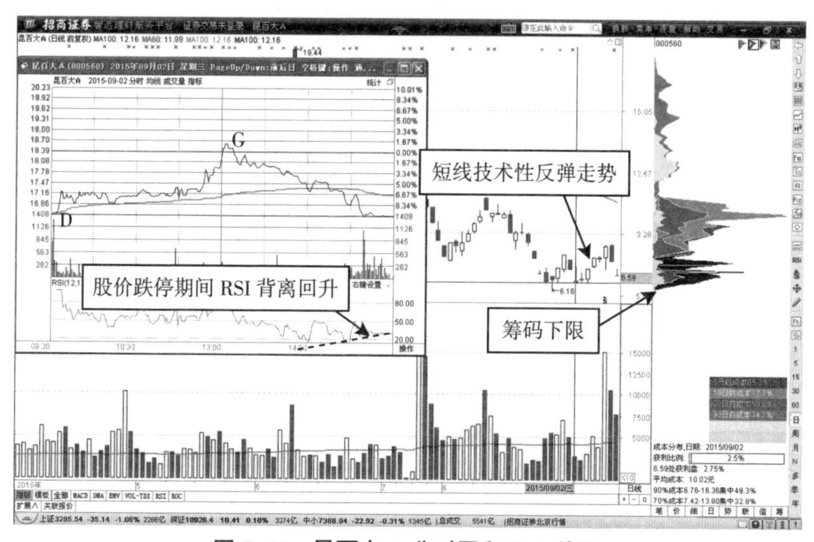

图 5-11 昆百大 A 分时图和日 K 线图

要点解析：

（1）图 5-11 显示，分时图中 D 位置显示的该股开盘价格几乎跌停，而开盘以后股价震荡回升，并且在盘中 G 位置达到高位。而下午盘中价格当边回落的时候，RSI 指标已经提前触底回升，提示指标与股价形成底背离。

（2）虽然股价尾盘跌停，但是我们不认为这是价格继续回落的信号。相反，该股分时图中表现已经非常糟糕，但是 RSI 指标尾盘背离回升提示股价已经严重超跌。这个时候考虑买入股票，实际上获得了廉价筹码。

（3）日 K 线图中显示，股价明显下跌以后，价格处于筹码峰下限，这个时候持股投资者的盈利情况非常糟糕，很少有投资者处于盈利状态。那么我们判断分时图中的背离提供了非常好的买入信号。建仓之后，我们可以持股等待股价反弹期间获利。

总结：分时图中看似走弱的价格趋势中，我们发现弱势回落的好处是股价很快就出现底部特征。我们确认日 K 线图中股价跌幅足够大，而分时图中 RSI 指标与股价在尾盘形成底背离，这是即将出现反弹走势的信号。

第五节　RSI 指标与股价顶背离

从分时图中价格走势来看，如果 RSI 指标与股价形成背离，那么这种背离可以出现在开盘后、盘中和盘尾阶段。不管何时会出现背离形态，我们都认为是价格即将回落的信号。背离次数越多，价格短线回落的概率也会越大。那么我们可以通过背离确认卖点，减少因为股价回落带来的风险。

一般来看，分时图中 RSI 指标与股价形成一次背离，就可以确认卖点了。价格走势不够强的时候，成交量也不可能持续放大，而期间出现 RSI 指标与股价高位背离的情况，说明卖点已经形成了。

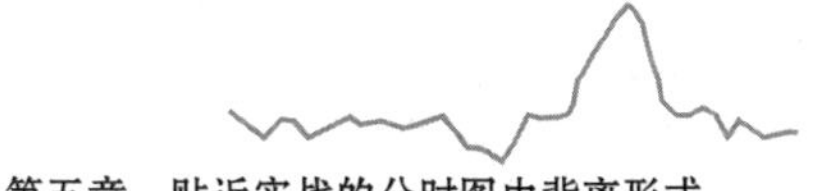

一、RSI 无法走强的开盘背离卖点

既然分时图中开盘不久出现背离形态，表明股价短线上涨的推动力量不足，价格难以出现较大涨幅。特别是对于收盘价来讲，股价很难将盘中涨幅的价位维持到收盘的那一刻。那么是什么导致股价无法继续回升呢，显然通过分析成交量我们就可以得出结论。量能无法出现放大的情况下，脉冲量能只可以推动价格再创新高，当股价涨幅达到一个新高的时候，量能萎缩的情况下股价就会出现见顶信号。同期我们观察 RSI 指标的表现，发现该指标反弹高位已经回落，这就是背离期间的典型卖出信号了。

通常，如果股价短线还未明显走弱，价格上午盘就会出现一定的涨幅。上午盘中股价弱势反弹期间，主力利用价格回升完成出货过程。这期间散户投资者追涨意愿不强，只要 RSI 指标与股价形成短线背离，那么下午盘股价就会进入单边回落趋势中。我们可以在上午盘中发现背离并且完成减仓操作，以便应对后期的下跌走势。

图 5-12 为青松建化分时图和日 K 线图。

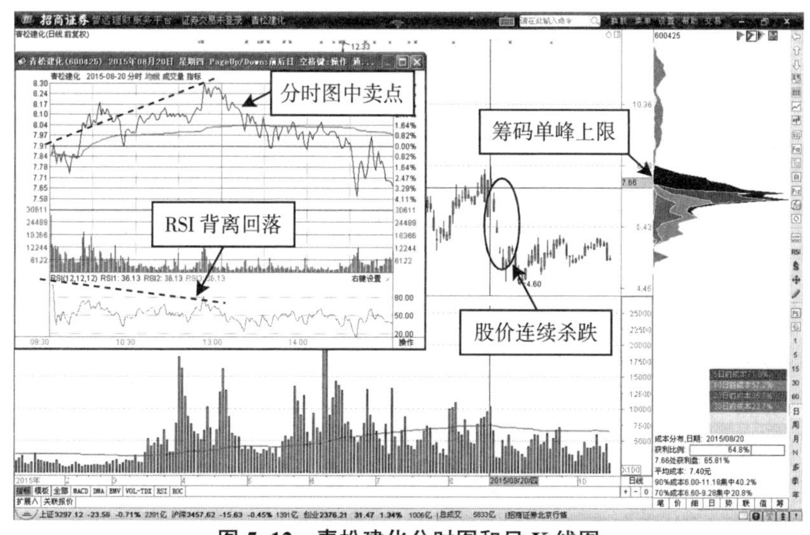

图 5-12　青松建化分时图和日 K 线图

要点解析：

（1）图 5-12 显示，我们发现分时图中价格走势相对较强，上午盘中股价延续回升趋势，并且在盘中达到涨幅 4.8%的价格高位。与此同时，RSI 指标维持在 50 线上方，但是股价达到高位期间 RSI 指标已经相对开盘期间回落，这是背离后的卖点。

（2）如果上午盘的背离还不能说明问题，那么下午盘股价缩量下跌的走势出现，显然是不可逆转的反转信号。股价尾盘相对开盘下跌，表明当日会形成阴线形态。盘中股价涨幅虽然较高，却只能在 K 线形态中体现为上影线，这都是我们减仓交易的信号。

（3）日 K 线图中，价格还未大幅下跌的时候股价处于筹码峰上限。分时图中背离提示我们价格已经见顶。在价格即将跌破筹码峰的关口，依然持股的散户投资者只有卖出股票才能应对股价大跌。

总结：日 K 线图中股价反弹后处于短线高位，而分时图中 RSI 指标与股价高位背离提示这种强势运行的情况即将结束。股价从反弹的价格高位回落，这是新一轮下跌开始的信号。股价从短线高位逐步回调之时，盈利投资者数量不断减少，这成为股价下跌的重要导火索。

二、盘中脉冲行情 RSI 背离卖点

分时图中股价回升走势持续到盘中，表明主力拉升股价的意图还是非常明确的。不过通常能够稳定回升的个股中，量能会持续放大。我们确认成交量没能稳定回升的情况下，价格上行趋势也会遇阻。这个时候，确认技术性回调的高位卖点非常重要。结合日 K 线图中价格处于相对高位的形态特征，我们确认分时图中的卖点以后可以大幅降低亏损。

分时图中脉冲成交量出现的时候，短时间内大单拉升股价的过程中，价格表现会非常抢眼。不过脉冲量能越是集中在短时间内，价格

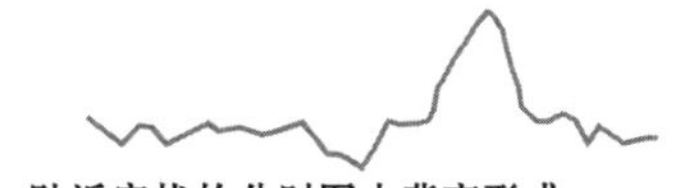

维持高位的时间会越短。根据脉冲量能确认的价格高位，我们发现同期 RSI 指标也出现了顶部形态。不过 RSI 指标的顶部是相对回落的，指标回落与股价形成背离以后，我们可以马上卖出股票，以便在股价调整之时避免损失。

图 5-13 为苏常柴 A 分时图和日 K 线图。

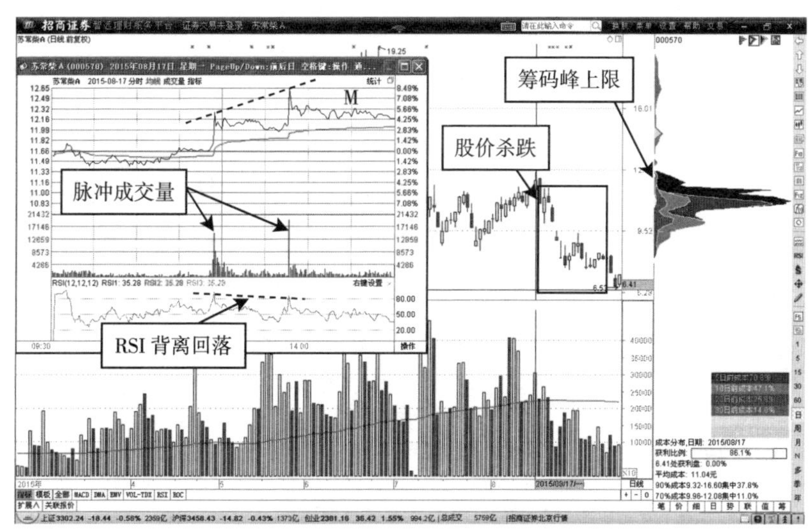

图 5-13　苏常柴 A 分时图和日 K 线图

要点解析：

（1）图 5-13 显示，分时图中上午盘股价表现并不理想，只是在上午盘即将收盘的时候出现了脉冲量能拉升股价的走势。价格突然启动以后，该股达到涨幅 4%的价格高位。

（2）下午盘中脉冲成交量第二次出现，股价冲高回落以后运行在相对高位。我们分析 RSI 指标的同期高位出现回调走势，指标回调与股价走势形成背离，确认了盘中卖点。图中 M 位置价格运行在相对高位，而 RSI 指标却已经出现了调整的走势，这是我们卖出股票的位置。

（3）日 K 线图中股价见顶的位置恰好是筹码主峰上限。这个价位多数投资者处于盈利状态。而接下来股价确认了分时图中高位卖点以后，我们可以考虑减少持股数量。分时图中背离转变为日 K 线图中股价回落，投资者只有清仓才能应对价格下跌。

总结：分时图中脉冲资金量拉升股价的过程中，价格可以不断达到新高价位，但是涨停还需要最后一次放量才行。仅有的量能放大显然不能拉升股价大涨。而我们通过 RSI 指标与股价背离确认脉冲量能拉升是一个顶部形态，是我们卖出股票的较好时机。

三、股价尾盘走强 RSI 背离卖点

当成交量维持相对高位的时候，不太大的量能也能推动价格稳步回升。我们发现分时图中的量能虽然不大，却可以推动价格不断达到新高价位。不过这种量能稍小的情况下，尾盘很容易出现背离卖点。RSI 指标在尾盘的相对回调走势中出现，股价虽然收盘上涨却不是我们买入股票的机会。

通常，量能相对稳定的情况下，尾盘股价继续回升，技术指标很难有更好的表现。特别是 RSI 指标的最高数值通常不会达到 80 以上。尾盘股价涨幅明显收窄的情况下，RSI 指标与股价形成顶背离，这是非常典型的做空信号。

图 5-14 为柳化股份分时图和日 K 线图。

要点解析：

（1）图 5-14 显示，我们发现分时图中价格回升趋势非常明显，但是股价累计涨幅不大。直到收盘前的半小时内，股价回升趋势依然没有结束。在成交量不足的时候，这种价格尾盘上涨的走势显然是比较典型的卖点了。分时图中 RSI 指标尾盘回落，与股价弱势回升形成背离，这是我们卖出股票的机会。

（2）日 K 线图中股价形成阳线形态的时候，价格刚刚回升至筹码主峰上限。考虑到前期价格明显回落，短线反弹的价格高位抛售压力

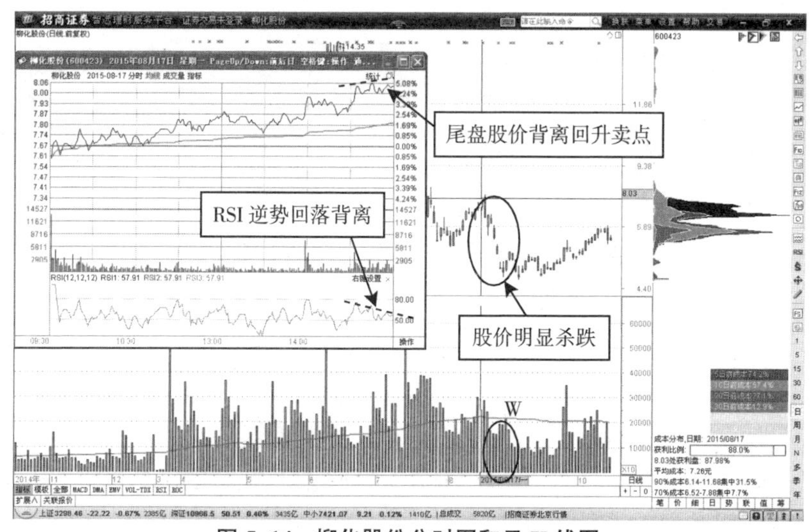

图 5-14　柳化股份分时图和日 K 线图

必然增加。持股的投资者兑现利润的意愿加强，分时图中尾盘价格回升成为重要的减仓交易机会。

总结：分时图中价格连续回升以后，我们确认尾盘背离卖点非常容易。尽管价格收盘上涨，背离以后股价缩量连续回调。价格跌破了筹码峰的过程中，空仓投资者可以轻松规避风险。

第六节　BIAS 指标与股价底背离

分时图中 BIAS 指标提示价格强弱，帮助我们更早地识别风险指标和价格背离期间的交易机会。由于股价走势在一些情况下难以确认强弱，我们判断交易机会可以通过 BIAS 指标来看。一旦股价出现反转的信号，BIAS 指标率先出现逆转，期间的背离交易机会成为我们最佳的买卖信号。

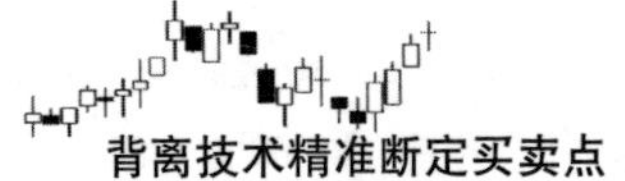

一、探底回升期间 BIAS 底背离买点

在探底回升走势中，分时图中 BIAS 率先企稳提示的交易机会非常明确。只要 BIAS 出现了反弹信号，接下来股价很容易二次走强。从日 K 线图中来看，价格大幅度杀跌的过程中，我们发现交易机会出现在背离以后。

盘中股价经历调整的时候，BIAS 指标短线背离提示价格跌幅到位。我们发现分时图中价格形态并不重要，关键是 BIAS 指标回升趋势改变了价格下跌节奏。如果 BIAS 指标与股价背离期间成交量开始有效放大，那么买点会更加确定。

图 5–15 为陆家嘴分时图。

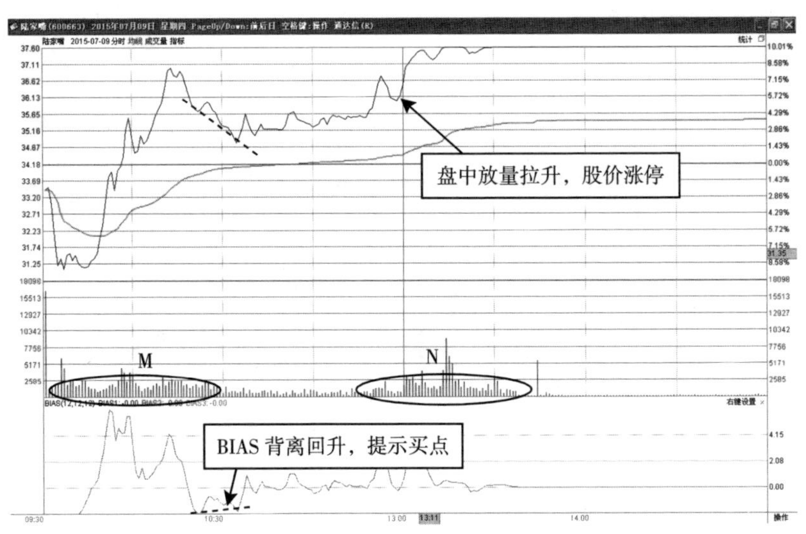

图 5–15　陆家嘴分时图

要点解析：

（1）图 5–15 显示，上午盘中股价波动空间很大，股价经历了低开杀跌反弹的走势。虽然股价从高位回调，但是下跌空间不大。而当我们发现 BIAS 指标逆势回升的时候，这种 BIAS 回升和价格下跌的背离

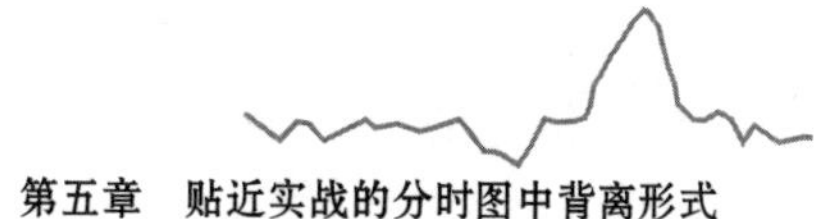

买点出现。

（2）如果说股价低开是延续了前期下跌趋势，那么分时图中 M 位置放量以后股价强势反弹，便是主力介入的信号了。盘中 N 位置的量能更大，价格二次走强的时候，我们的盈利机会出现。

总结：在分时图中 BIAS 指标与股价背离期间，我们发现该股开盘后的杀跌成为股价见顶的重要探底形态。在股价企稳的过程中，BIAS 指标与股价的背离提示短线买点。如果将 BIAS 指标与股价的短线背离确认为建仓时机，我们在盘中建仓以后马上可以有所收益。

二、盘中探底回升 BIAS 背离买点

分时图中股价探底回升的过程中，我们发现背离出现在尾盘期间，同样提示我们交易机会。如果盘中价格走势尚可，我们可以通过午后价格下跌确认买点。尾盘股价震荡下挫的过程中，BIAS 指标出现了缓慢抬升的情况，提示我们价格跌幅已经过大，背离买点出现在这个时候。这样一来，我们把握好尾盘的建仓交易机会，自然能够在回升期间盈利。

特别是分时图中我们发现价格开盘上涨的情况下，盘中价格表现出比较强的运行状态，尾盘股价下跌毫无道理。根据日 K 线中股价超跌，我们发现这种高开的走势很容易成为技术性反弹的起始形态。那么随着分时图中股价尾盘回落确认买点，我们发现在尾盘 BIAS 背离回升提供的交易机会不容忽视。这是分时图中我们最后一次买入股票的交易机会。

图 5-16 为交运股份分时图和日 K 线图。

要点解析：

（1）图 5-16 显示，分时图中该股开盘涨幅已经达 2%，表明股价出现了明显的反弹迹象。盘中价格虽然双向波动，总体来看股价走势

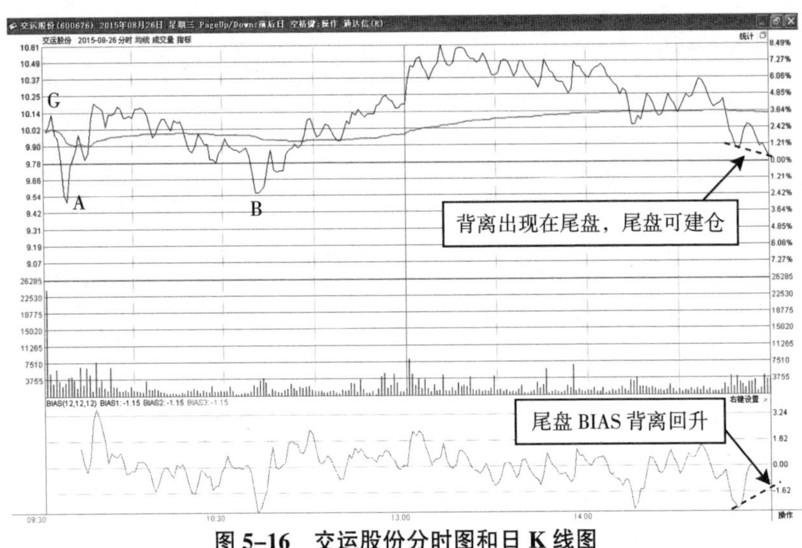

图 5-16　交运股份分时图和日 K 线图

较强。特别是午后价格表现更好一些，股价短线涨幅达 8%以上。

（2）如果我们确认该股日 K 线图中已经超跌，那么分时图中价格高开是非常典型的企稳信号。该股并没有在高开后连续回升，而是在图中完成了 A、B 两个底部。这两个底部最低价位股价跌幅为 4%。股价以尖底形态确认支撑以后，午后价格上涨显然是这种反弹走势的延续。

（3）午后股价很快见顶 8%以上的涨幅高位，下午盘中价格整体走势较弱，下跌走势延续到收盘前。该股收盘前涨幅有限，我们发现 BIAS 指标在收盘前的一刻钟背离回升，提示我们最后的买点出现在尾盘。

总结：首次出现的技术性反弹走势中，股价表现虽然相对强势，但是价格收盘大涨的概率不高。该股虽然开盘上涨，但是收盘价格涨幅为 0.31%，回吐了盘中大部分涨幅。这个时候，我们确认股价已经处于强势，而 BIAS 指标与股价底背离进一步验证了我们的看法。

三、尾盘杀跌 BIAS 背离买点

分时图中价格低开的情况出现以后，我们确认这是前期价格下跌趋势的延续。因为股价本身已经处于下跌趋势中，低开通常反映了投资者对当日价格走势的总体看法。股价低开运行以后，分时图中价格回升概率不高，股价依然有可能在盘中低价收盘。我们可以确认的买点通常出现在指标和股价背离的时刻。

如果我们发现价格在盘中二次回落，并且 BIAS 指标回落空间较大，我们就可以顺利地确认盘中低位的建仓交易机会。如果价格下跌出现在尾盘，股价在尾盘期间再创新低。而同时 BIAS 指标已经出现逆势回升走势。我们认为这是 BIAS 指标在收盘前确认的建仓交易信号。不可否认的是，当日分时图中买入股票的话，我们显然不会盈利。但是分时图中股价在背离的状态下回落，这是股价超跌的一种反应。意味着分时图中一定是有建仓交易机会的，而最佳买点便是尾盘。

图 5-17 为太极实业分时图。

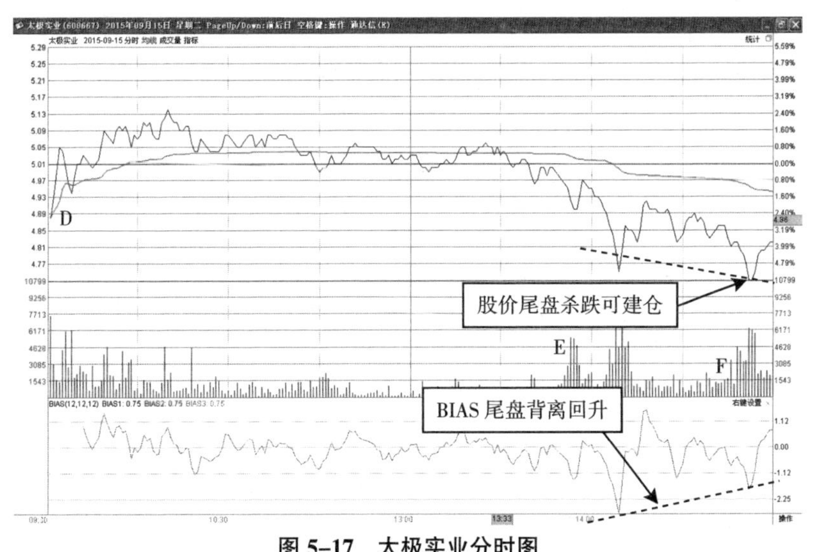

图 5-17　太极实业分时图

要点解析：

（1）图 5-17 显示，股价在 D 位置出现了开盘下跌的情况，盘中技术性反弹期间，该股涨幅最大不超过 3%。我们确认价格弱势回调走势不会结束，而比较典型的建仓交易机会显然不是开盘阶段。

（2）开盘阶段该股虽然下跌，但是技术性反弹的速度很快出现，我们能够把握住的买点并不多。而等待价格反弹结束后，随之出现的回落走势中出现了低位建仓机会。

（3）通过分时图中 E 和 F 位置的量能充分放大，我们发现该股尾盘下跌期间调整非常充分。股价已经出现了超跌的情况，量能再次放大表明多空争夺非常激烈，该股继续下跌的潜力已经不大。与此同时，BIAS 指标宽幅震荡，在指标低点逆势回升的时候，我们确认盘中买点出现。

总结：在单边回落走势中，股价低开下跌显然是恐慌性抛售的结果。价格难以快速完整反转动作，只因为股价还未出现超跌走势。而分时图中股价低开后尾盘杀跌便是不错的超跌信号，我们确认价格双向波动正在加强，而信号就是 BIAS 指标背离回升走势。那么根据背离确认的交易显然不会有问题。恐慌性下跌期间，背离提供的买点我们不应轻易错过。

第七节　BIAS 指标与股价顶背离

在波段行情的价格高位，如果股价已经达到筹码峰上限，那么多数投资者已经处于盈利状态。筹码峰比较集中的情况下，持股投资者的盈利空间不会太大。如果股价上涨仅仅是反弹阶段的走势，

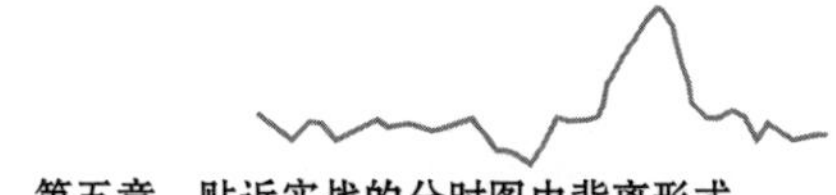

那么我们认为这是非常危险的信号。因为多数投资者处于盈利的情况下，但是投资者的盈利空间并不大。一旦分时图中价格上涨与股价形成背离，那么相应的卖点就会出现。把握好分时图中的卖点非常困难，而通过分析 BIAS 指标与股价顶背离，我们可以轻松地发现做空交易机会。

一、开盘大涨 BIAS 背离卖点

分时图中，股价低开以后短时间内出现了反弹走势。价格上行趋势不变，技术性反弹是日 K 线图中反弹走势的延续。即便如此，这种回升趋势能够达到的最大涨幅依然不可测。重要的时候，我们有 BIAS 指标可以使用。价格回升潜力的判断比较困难，而量能萎缩期间价格很难大幅上涨。我们可以根据量能萎缩确认价格高位卖点。同样地，我们也可以通过 BIAS 指标的背离把握好交易机会。BIAS 指标反映了一段时间内累计涨跌幅的强弱。如果该指标不能与股价同步回升，背离提示的卖点就很容易出现了。

特别是在上午盘中，主力拉升股价的时间不长，价格能够达到的涨幅虽然很大，却不会轻易涨停。那么多方拉升股价上涨的空间越大，价格无法涨停以后的卖点越是明确。在股价冲击涨停板的过程中，我们观察分时图中 BIAS 指标的表现。该指标只在价格强势回升的时候维持强势，而在价格难以涨停的情况下出现背离形态。背离形态出现以后，即便下午盘上涨股价依然涨停，我们认为这种涨停走势并不具备持股意义。午后价格涨停不是主力拉升的结果，散户投资者追涨起了很大作用。

图 5-18 为永安林业分时图和日 K 线图。

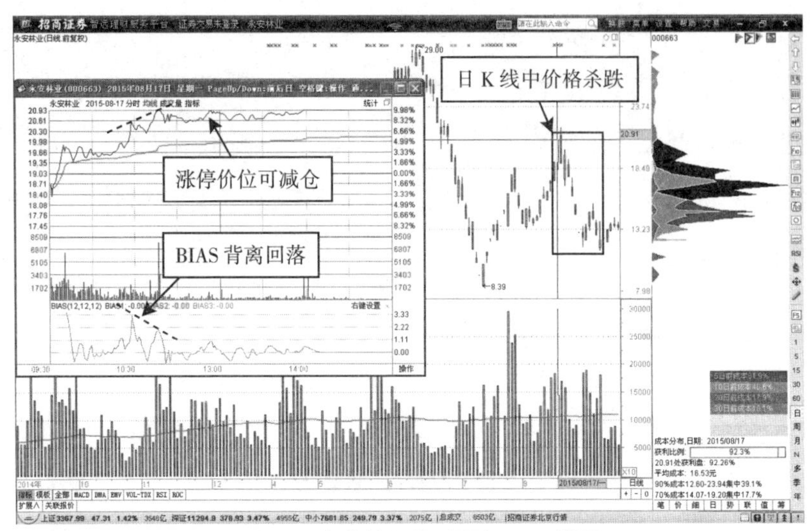

图 5-18　永安林业分时图和日 K 线图

要点解析：

（1）图 5-18 显示，股价开盘以后加速反弹，价格上涨速度很快，上午盘中涨幅已经达到 10%。这个时候，我们观察 BIAS 走势发现该指标背离回落，提醒我们价格高位的卖点已经形成了。

（2）确认分时图中的做空机会并不困难，BIAS 指标逆势回调就是信号。盘中股价虽然高位运行，但是累计涨幅非常有限。限于股价涨幅不会超过 10%，价格高位横盘期间，BIAS 指标背离是我们上午盘卖出股票的机会。

（3）日 K 线图中，价格技术性反弹达到短线高位，分时图中的背离提示我们这种反弹已经宣告结束。结合筹码峰我们确认多数投资者已经盈利，但是盈利空间非常有限。投资者全部处于微利状态，止盈的抛售压力较大，说明该股反弹走势不能延续。

总结：当我们发现分时图中股价强势冲击涨停板的时候，能否涨停是确认持股继续持股的重要依据。如果股价没能稳定在涨停价位，那么我们应该考虑减少持股数量。实际上，当价格冲击涨停价却无法涨停的时候，BIAS 指标提示的卖点就非常确定。我们在这个时候采取

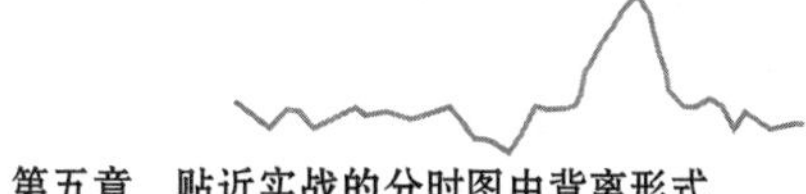

行动，自然减少了持股风险。

二、盘中到尾盘的 BIAS 背离卖点

在实盘交易中，分时图中股价单边回落持续时间越长，价格上涨的推动力越弱。主力拉升股价意图不够明确，股价上涨时间持续很长时间。从涨幅来看，虽然股价最终也可以冲击涨停板，但是这并不是我们追涨买入股票的信号。相反，如果股价尾盘大幅上涨，盘中表现却一般，我们应该做好减仓的准备。主力拉升股价诱多的时候，价格才会在尾盘表现强劲，这是我们关注持股风险的时刻。尾盘股价大幅上涨，如果恰好出现了指标回调走势，那么卖点就非常确定了。

相比较股价乏力的上行趋势，我们观察 BIAS 指标在尾盘出现逆势回落的情况。价格涨停并不顺利，至少从持续时间来看，股价经历了几乎一个交易日才进入涨停价。而尾盘 BIAS 指标背离回调，也限制了价格上涨潜力。

通常我们并不对分时图中尾盘股价拉升抱有太高的期待，特别是主力做多意图并不明朗，日 K 线图中价格处于相对高位的时候，我们应落袋为安，清仓应对价格调整压力。

图 5-19 为耀皮玻璃分时图和日 K 线图。

要点解析：

（1）图 5-19 显示，分时图中股价上午盘走势较强，短时间内价格已经稳定在等价线上方。下午盘中价格表现更加抢眼，尾盘股价强势涨停显示主力操盘意图明确。

（2）该股连续回升走势从开盘持续到尾盘，主力实力并不强，但是股价累计涨幅较大。这个时候，确认尾盘的卖点非常重要，这能够降低我们的持股风险。到分时图中尾盘剩余半小时的时候，我们能够发现 BIAS 指标出现了明确的顶部回调走势，这是非常显著的背离形

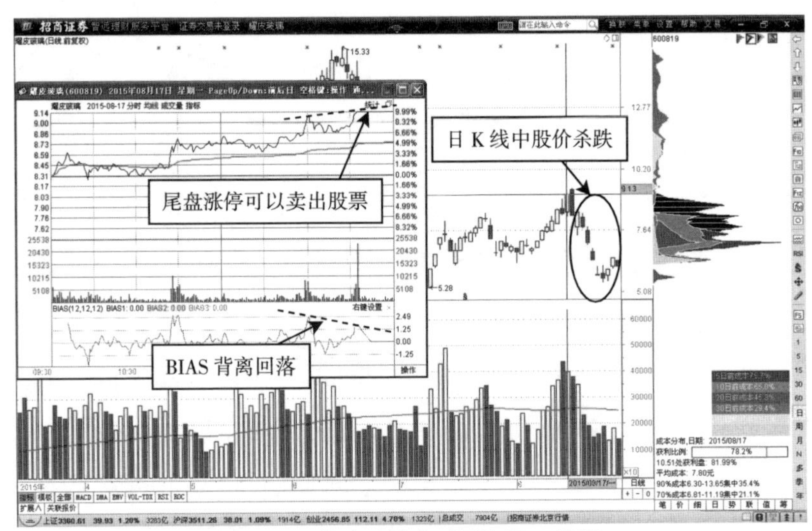

图 5–19 耀皮玻璃分时图和日 K 线图

态。即便股价已经顺利涨停，我们依然应该采取做空交易策略应对。

（3）通过查看日 K 线图，我们发现这一波回升走势出现在股价反弹阶段。价格短线表现抢眼，而反弹达到筹码峰上限的时刻，这种高位出现的卖点形成。

总结：可见，技术性反弹走势中价格很难达到筹码峰上限，一旦股价回升到筹码峰上限，持股投资者出现大量盈利的情况，使得解套压力大幅增加，股价自然会开始杀跌。分时图中我们通过 BIAS 指标背离回调确认卖点，就可以规避价格杀跌带来的亏损。

三、股价尾盘拉升 BIAS 背离卖点

如果分时图中价格回升仅仅出现在尾盘，那么股价大涨收盘的概率会非常小。尾盘拉升股价期间，投资者的关注程度不高，这个时候价格大涨以后，抛售压力不会很大。主力在尾盘拉升股价更容易获得成功，这也是主力选择尾盘拉升的主要动机。出于操盘考虑，尾盘拉升股价的情况下价格很难封死涨停板。在主力操盘期间，我们应该把握好价格冲击涨停板的卖点。

股价在尾盘走强，可以说是主力控盘后价格强势运行的一种表现。股价并不一定会涨停，但是价格在缩量的情况下高位运行，显然已经是不错的卖点。经过 BIAS 指标背离确认的价格高位卖点，我们降低持股数量的时机出现在股价接近涨停价位的那一刻。

图 5-20 为华联控股分时图和日 K 线图。

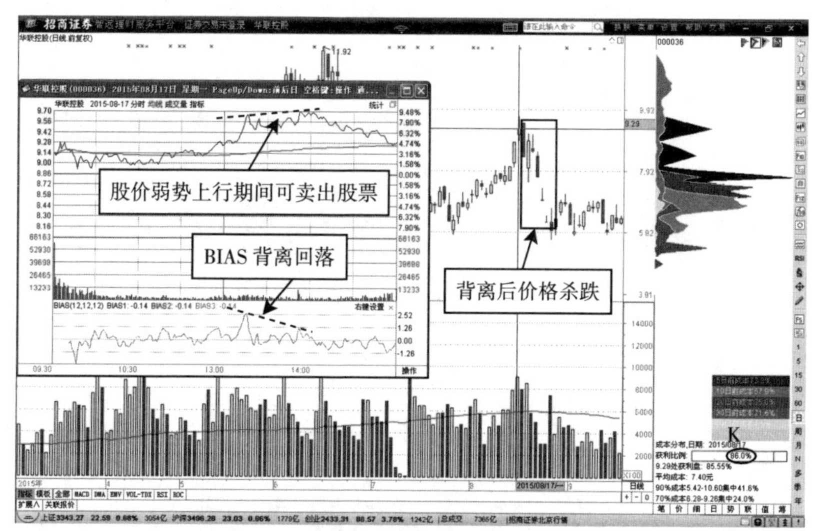

图 5-20　华联控股分时图和日 K 线图

要点解析：

（1）图 5-20 显示，我们首先确认日 K 线图中价格处于反弹的高位。因为股价已经处于大部分筹码上方，K 位置显示的筹码获利率也高达 86%。这个时候，价格反弹高度已经足够大，投资者止盈抛售压力很大。如果我们在这个时候减少持股，显然是不错的选择。该股反弹走势继续进行的概率不高，只有把握好盈利才能更好地适应价格波动。

（2）分时图中来看，该股高开以后走势较强，不过上午盘中价格涨幅并不高。午后股价以缩量形式冲击涨停价失败，我们可以确认 BIAS 指标的背离形态出现。既然 BIAS 指标提示我们指标和股价背离，那么采取行动越快，我们持股风险也会越小。我们通过尾盘减少持股数量，自然大幅度降低高位持股风险。

(3) 可以确认的时候，分时图中主力开盘放量拉升股价是为了操盘。而盘中股价涨停失败，却是非常典型的吸引散户投资者追涨的操作策略。只有散户认为价格上行趋势不变，主力投资者才能够大量出货。分时图中背离形成以后，主力出货的操作策略直到接下来的交易日中才完全展开。

总结：主力投资者在分时图中尾盘拉升股价诱多，我们确认背离卖点以后，就不会在股价下跌期间遭受损失。接下来的交易日中，该股出现了跌停板走势。可见，主力诱多策略已经有了成效。价格调整节奏还未结束，反弹结束后能够利用背离减仓的话，才能更好地适应行情波动。

第八节　缩量见顶的量价背离

在分时图中，我们通过成交量确认价格高位的方法非常有效。因为股价大幅上涨的基础是量能有效放大，如果量能萎缩，股价上涨空间一定是非常有限的。实战当中，我们发现不同成交量表现对应的价格走势不同。缩量期间股价很容易出现弱势回调的情况。或者说，至少在量能无法放大的时候，股价难以明显上涨。既然是这样，那么我们就应该结合量能萎缩来确认卖点了，以便更好地应对价格下跌走势。

一、开盘缩量反弹背离卖点

在分时图中，我们发现量能萎缩的情况下确认卖点并不困难。特别是在开盘量能放大的情况下，价格短线表现出比较强的走势。不过这种强势运行的情况持续时间并不长。通过分析成交量我们发现，量能萎缩到一定程度以后，价格就会出现见顶的情况。也就是说，缩量期间价格已经冲高回落，这是我们确认卖点的时刻。

实际上，分时图中缩量见顶的价格走势也是一种背离形态。股价虽然持续回升，但是价格上涨潜力不断减弱。以至于在量能萎缩的情况下，价格回升趋势已经结束。我们确认股价在缩量的情况下继续回升，那么就是一种背离信号。量能萎缩和股价回升形成背离，价格见顶的走势很快就会出现。

我们确认股价缩量回升的卖点并不困难，价格下跌前一定会出现走弱的信号。股价回升空间不断减弱的时候，价格逐步接近等价线。一旦股价跌破等价线，下跌趋势就会出现。我们根据股价跌破等价线的情况确认卖出股票的时机，就很容易获得成功了。

图 5-21 为华新水泥分时图和日 K 线图。

要点解析：

(1) 图 5-21 显示，开盘以后股价震荡回升，这期间成交量出现了萎缩迹象。在量能萎缩的情况下，该股上涨潜力显然不高。实际上，开盘不足半小时的时候，股价已经在图中 D 位置见顶。随着量能进一步萎缩，股价见顶后的下跌趋势不断加强。

(2) 图中 H 位置是分时图中量能相对高一些的位置，这个位置投资者抛售股票非常明显，使得价格轻松跌破了等价线。在盘中和午后量能继续维持在放大状态，价格下跌趋势由此加强。

(3) 我们发现股价单边回落期间，尾盘股价收盘在跌幅 9%以上的

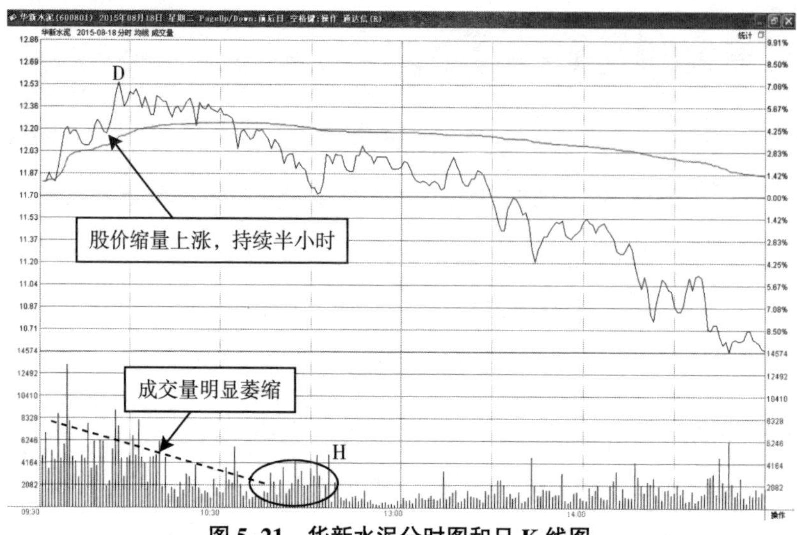

图 5-21　华新水泥分时图和日 K 线图

最低点。可见，率先确认量价背离的卖点以后，我们当日就可以大幅降低亏损。

总结：分时图中开盘后缩量回升走势，我们确认为典型的反转形态。这种反转形态不仅会导致分时图中价格下挫，放在日 K 线图中分析，同样会引起股价出现连续多个交易日的下跌。可见，对于分时图中量价背离的卖点应该更加重视才行，只有把握好做空时刻和减仓机会，我们才能够轻松度过下跌走势。

图 5-22 为华新水泥分时图和日 K 线图。

要点解析：

（1）图 5-22 显示，日 K 线图中 B 位置显然要比 A 位置低，表明这种下跌趋势中的反弹走势。股价在 B 位置出现图中的走势，说明反弹即将结束。

（2）图中筹码形态来看，B 位置对应的价格处于 P 位置的筹码峰附近。当我们分析分时图中股价量价背离后形成阴线的时候，价格跌破了 P 位置的筹码峰。表明很多投资者短时间内处于亏损状态，这种股价下跌的连锁反应会在投资者抛售过程中出现。

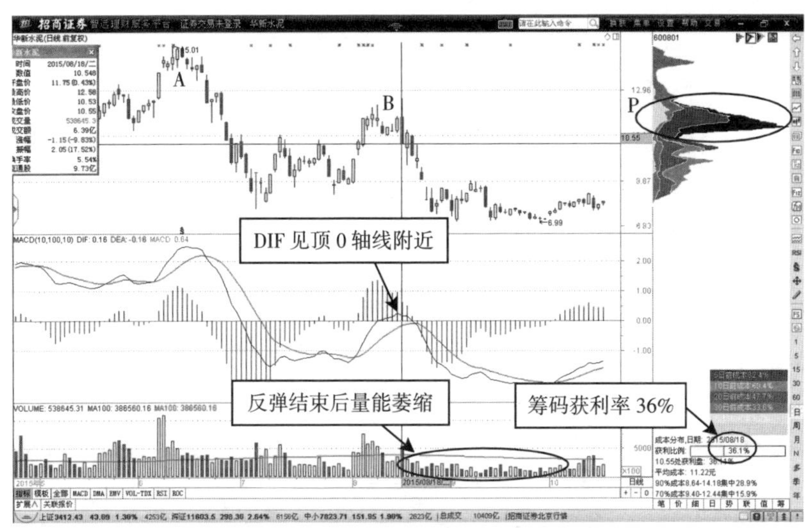

图 5-22 华新水泥分时图和日 K 线图

（3）在筹码获利率仅有 36%的情况下，我们发现图中 MACD 指标的 DIF 线表现也非常弱。DIF 线在 0 轴线附近走低的时候，说明价格正在进入下跌通道。

（4）当成交量明显萎缩的时候，价格下跌节奏正在加快。我们发现图中量能萎缩的过程中价格下跌趋势未变。事实上，通过观察日 K 线图中量能变化，结合分时图中的量价背离，我们就可以确认卖点。

总结：分时图中的量价背离与日 K 线图中股价弱势反弹相结合，我们发现价格下跌是必然的，因为日 K 线图中股价还不具备连续上涨的基础。特别是在股价处于下跌趋势的时候，价格反弹到一定阶段，分时图中就会出现量价背离卖点，这是我们减少持股避免损失的时刻。

二、尾盘缩量反弹背离卖点

分时图中，股价尾盘走强通常不是追涨的机会。特别是在量能萎缩的前提下，我们不必在尾盘冒险建仓。通常，主力操盘期间一定不会轻易在尾盘拉升股价。一旦尾盘股价走强，我们就要考虑诱多的可能了。或者说，尾盘量能无法放大的情况下，缩量上涨很可能是散户投资者追涨所致。一旦我们确认尾盘股价缩量回升不具备追涨特征，那么迅速减仓就成为必然的操作了。

从分时图中的价格整体运行情况来看，开盘后如果量能处于放大状态，盘中股价回升以后，尾盘缩量上涨的情况很容易得到确认。只要量能相比较开盘阶段萎缩，我们就确认为缩量。在量能明显萎缩的前提下，我们选择尾盘减仓是明智的做法。

图 5-23 为祁连山分时图和日 K 线图。

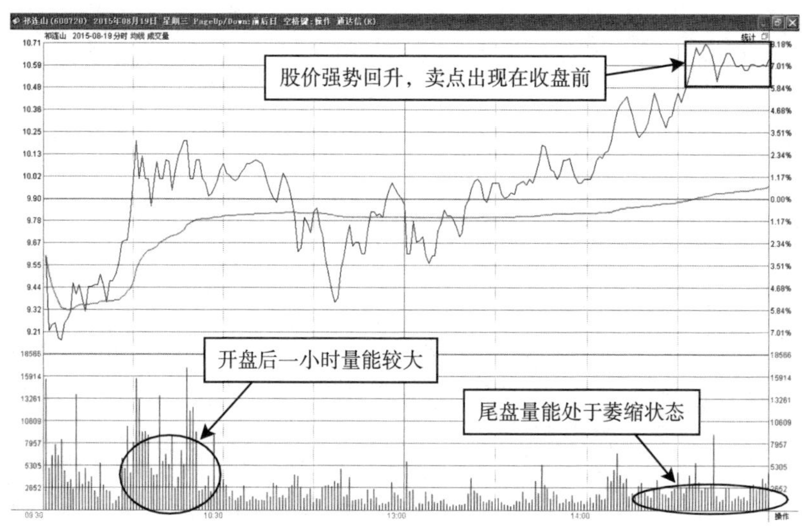

图 5-23　祁连山分时图和日 K 线图

要点解析：

（1）图 5-23 显示，开盘以后股价低开后探底回升，价格在上午盘中波动空间较大。不过我们确认该股走势并不强，因为上午开盘后股价超跌达 7%以上。这种大幅度杀跌的走势表明价格调整压力非常大。即便盘中股价反弹，如果量能没有出现回升，那么我们只有减仓交易才行。

（2）从开盘后的成交量来看，一分钟内最大成交达 1.6 万手以上。而午后股价虽然震荡上行，最大量能却在 5000 手以下，表明成交量萎缩已经非常明显。我们发现午后价格单边回升期间，股价尾盘继续缩量上涨，可以说是散户投资者追涨所致。

（3）从价格波动空间来看，开盘超跌 7%以后该股尾盘涨幅 8%，价格振幅达 15%以上。我们认为这种超跌反弹走势很难长时间延续，特别是分时图中尾盘股价大幅回升的情况下，我们可以把握好尾盘量能萎缩后量价背离卖点，在减少持股的过程中降低投资风险。

总结：当分时图中开盘股价大幅杀跌的时候，我们对于行情发现应该非常谨慎。至于股价上涨空间，价格反弹空间越大，表明价格活跃度越高。量能萎缩的情况下，我们确认尾盘价格无量上涨是一种背离形态。总的来看，在尾盘减少持股是明智的做法。

图 5-24 为祁连山分时图和日 K 线图。

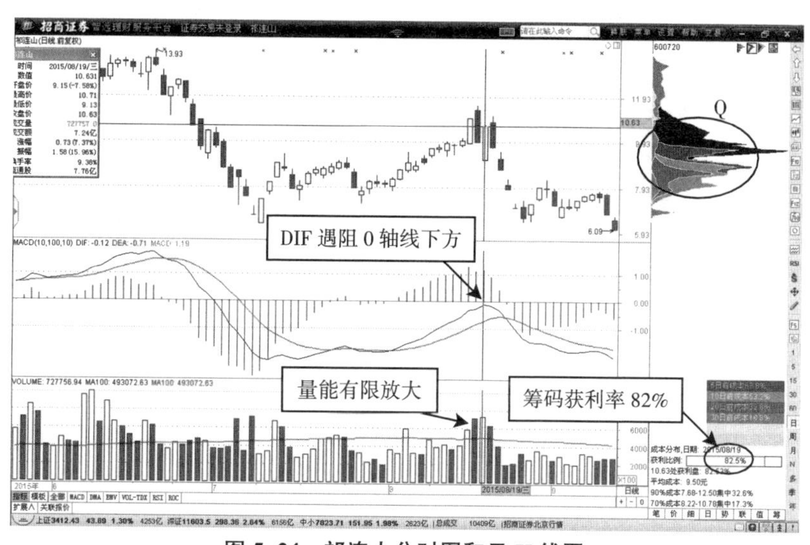

图 5-24　祁连山分时图和日 K 线图

要点解析：

（1）图 5-24 显示，从价格表现来看，股价虽然反弹至短线高位，但是技术性反弹期间股价上涨空间有限。我们确认这个位置的抛售压力较大，分时图中量价背离的卖点不容忽视。

（2）从筹码形态来看，价格波动空间加大的时候，收盘价对应 Q 位置的筹码峰上限。筹码密集分布在价格下方，投资者虽然大面积盈利，但是盈利空间非常有限。股价出现见顶信号以后，价格随时都有可能跌破筹码峰。

（3）从 MACD 指标来看，计算周期为（10，100，10）的 MACD 指标的 DIF 线虽然短线反弹，却没有成功突破 0 轴线。这个时候，DIF 线处于 0 轴线下方运行，这提示我们股价处于下跌趋势。反弹结束后自然是卖点。

总结：当我们确认分时图中股价缩量上涨的时候，结合日 K 线图中价格走势，发现短线高位卖点以后自然减少了持股损失。特别是从总体价格走向来看，股价经历了明显的下跌后出现反弹走势。反弹期间量能开始萎缩，股价达到抛售压力较大的筹码峰上限，这便是难得的减仓交易机会。

第六章　不可不知的筹码背离

筹码转换与价格运行是同步进行的，我们观察实战中的交易机会，可以根据筹码转换的速度确认交易方向。而筹码转移的过程中，可能会与股价形成背离的情况，这是我们应该密切关注的地方。

在行情反转前，我们发现多数筹码的低盈利状态是一种背离形态。该形态中筹码虽然盈利，但是获利空间不大。一旦主力打压股价，价格会轻松跌破投资者的持仓成本，导致股价疯狂下跌。这种筹码盈利不多的情况视为背离卖点。同样地，少数筹码的高盈利状态、多数筹码低亏损状态，也是我们关注的背离形态。本章从三种筹码和投资者盈利的背离确认交易机会，挖掘实战当中的典型操作机会。

第一节　价格运行与筹码转移高位概率表现

当股价进入回升趋势的时候，我们发现筹码转移趋势一定是向上的。只有筹码向价格高位转移，股价才能出现明显的上涨。我们根据筹码转移的正常趋势确认交易机会，之后盈利的概率就很大了。

筹码向价格高位转移的时候，投资者的持仓成本不断提升。投资者是在盈利的情况下抛售股票，而场外投资者追涨买入股票，价格低位持股的投资者成本较低，而追涨买入股票的投资者持仓成本相对提升。反映在筹码形态上，筹码向价格高位转移的时候，投资者追涨买入股票，总体持仓成本呈现出回升趋势。

值得注意的时候，价格低点股价即将企稳回升前的筹码相对集中，而价格高位的筹码集中度也很高。在低位出现筹码峰的时候，是价格调整到位的信号。这个时候投资者的持仓成本集中在价格底部，股价回升之后价格低点的筹码会向高位转移。一旦价格低点筹码大部分转移到价格高位，价格高位的抛售压力增加，股价见顶的概率就大幅提升。一旦股价跌破价格高位筹码主峰，意味着下跌趋势出现。我们认为筹码完全向价格高位转移前的交易机会很多，利用这些买入股票的交易机会建仓，今后可以获得比较好的收益。

图 6-1 为深深房 A 日 K 线图。

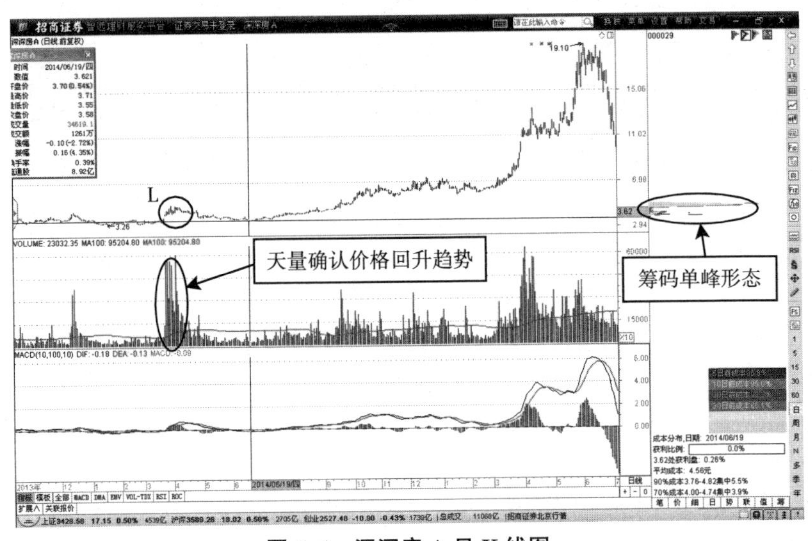

图 6-1　深深房 A 日 K 线图

要点解析：

（1）图 6-1 显示，当股价明显处于回升趋势的时候，价格低点 L

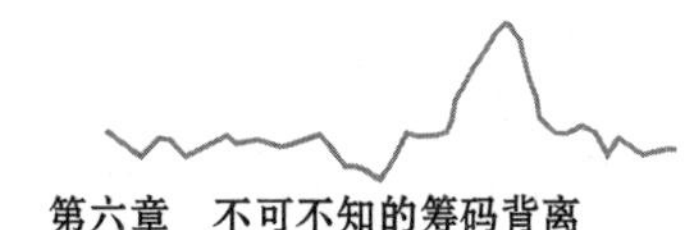

位置出现了股价反弹的情况。价格表现非常强势，表明股价即将进入回升趋势。而我们通过非常重要的筹码形态分析，图中筹码单峰出现在价格低位，这是主力投资者大量建仓结束后股价即将上涨的信号。

（2）从 MACD 指标的表现来看，图中 T 位置的 DIF 线已经显著回升，表明均线加速向上发散，这是股价上涨趋势加剧的信号。在 DIF 线明显回升以后，均线确认了回升趋势，股价上行趋势可期。

（3）从成交量的表现来看，图中量能集中放量的时候，成交量已经连续多个交易日处于天量状态。这种成交量是历史上难得一见的量能表现，是我们确认价格走强的重要信号。

总结：价格从历史低位回升的时候，典型的企稳信号一定包括筹码单峰形态。筹码单峰形态的规模越大，股价企稳回升的概率越高。我们根据筹码单峰可以确认主力的建仓位置，确认价格开始回升的起始价位。

图 6-2 为深深房 A 日 K 线图。

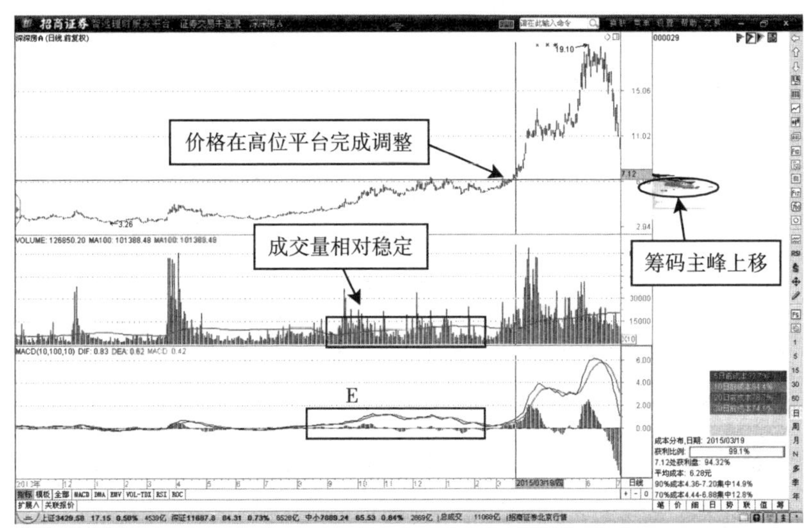

图 6-2　深深房 A 日 K 线图

要点解析：

（1）图 6-2 显示，当股价企稳回升以后，价格进入第一个相对高位的调整区域。图中价格突破调整形态的平台之时，筹码峰明显回升到价格高位。筹码转移趋势非常明显，相比前期已经明显向高位移动。我们可以根据筹码转移的趋势确认建仓交易机会，提升盈利空间。

（2）从成交量的表现来看，量能虽然不是天量，却可以维持相对高位运行，这是价格得以连续上涨的基础。这个时候，量能稳定放大恰好说明股价上行趋势比较健康，筹码向高位转移的速度相对稳定，这是正常的价格回升趋势的体现。

（3）与此同时，我们发现图中 E 位置的 MACD 指标处于相对高位，这是均线向上发散趋势加强的信号，价格上涨趋势更加确定，同期筹码自然也会向上转移。

总结：当股价回升趋势得到加强以后，我们确认股价上涨潜力得到释放。这个时候，量能放大、指标回升，价格已经突破短线高位，意味着筹码向高位转移的速度加快。一旦我们明确该股的这种筹码转移趋势，自然有机会获得高收益。

图 6-3 为深深房 A 日 K 线图。

要点解析：

（1）图 6-3 显示，股价进入第三波拉升的相对高位以后，调整形态同样出现在这个阶段。同期的筹码形态来看，图中 M 位置的筹码规模明显放大，而图中 N 位置的筹码规模相对小一些。该股上涨空间已经很大，投资者的持仓成本明显向高位转移。不过考虑到 N 位置的筹码规模并不小，表明在筹码向高位转移期间依然存在交易机会。

（2）从成交量的表现来看，图中 B 位置的成交量急剧放大，这是推动价格加速上涨的因素。量能越高，筹码转移规模越大，价格加速上行的时候，股价见顶速度也会加快。

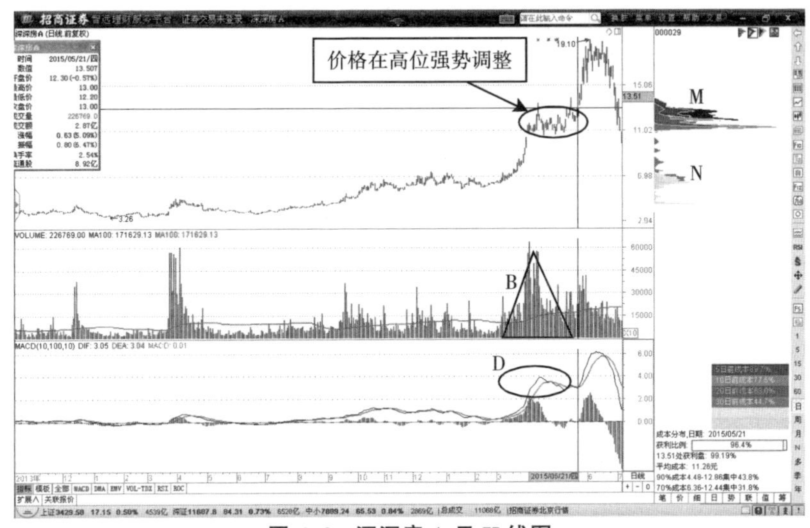

图 6-3　深深房 A 日 K 线图

（3）图中 D 位置的 MACD 指标明显回升，提醒我们均线向价格高位发散。既然均线发散趋势加强，股价显然不会轻易改变回升趋势。

总结：价格加速回升期间，筹码主峰已经再次向高位转移。价格高位的筹码峰规模更大一些，一旦这种高位筹码峰位置价格回调力度增加，股价就会出现见顶的信号。我们可以密切关注筹码转移过程中的交易机会。

图 6-4 为深深房 A 日 K 线图。

要点解析：

（1）图 6-4 显示，当价格高位运行期间量能明显萎缩的时候，我们发现该股出现了明显的见顶回落走势。调整价格高位筹码峰规模较大，K 位置的筹码规模是股价大幅上涨后的筹码形态。这部分筹码被调整中的股价跌破的时候，是导致投资者大面积亏损的时候，抛售压力使得股价连续回落。

（2）从 MACD 指标的表现来看，图中指标经历了图中 A、B 和 C 三个高位以后，指标在图中出现了顶部形态。随着 DIF 线冲高回落，MACD 指标已经快速走低。这期间的均线下移速度很快，提示我们股

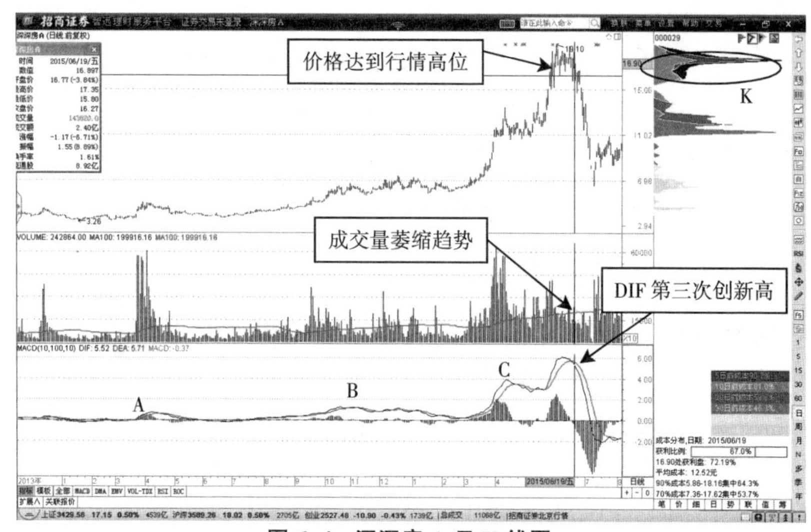

图 6-4 深深房 A 日 K 线图

价已经涨幅过大并且逐步完成反转走势。

总结：筹码转移到价格顶部区域的时候，是我们确认股价见顶的信号。因为价格高位筹码峰规模较大，表明多数投资者的持仓成本处于高位。而一旦股价出现滞涨的情况，价格很容易跌破高位筹码峰所在价位。这个时候，大量投资者很快处于亏损状态，这是抛售压力增加和价格见顶的重要起始点位。

第二节　多数筹码低获利状态背离

当多数筹码处于价格下方的时候，表明大部分投资者处于盈利状态。根据筹码集中度，我们如果确认筹码大部分集中在某个很小的价格区间，那么投资者的持仓成本不仅集中，而且盈利空间非常有限。如果我们确认多数筹码处于较低的盈利状态，价格异常调整的时候，很容易出现卖点。股价轻松跌破了筹码主峰的过程中，我们就会发现

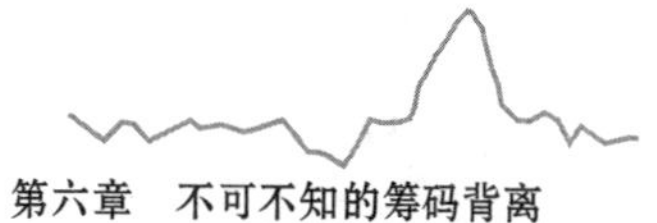

价格进入下跌趋势，持股投资者就会遭受损失。

当筹码转变为比较明显的筹码峰形态的时候，表明价格调整已经到位。这个时候，筹码主峰的规模较大，投资者的持仓成本相对集中到价格高位。如果主力投资者已经无力拉升股价，价格就很难继续向上突破了。在股价上涨乏力的时候，价格自然会轻松跌破筹码峰。股价跌破筹码峰的过程中，这是多数筹码低获利背离的一种表现。背离后的价格反转速度加快，我们卖出股票的机会很快就会形成。如果我们应对不够及时，价格完全跌破筹码峰的过程，股价下跌空间加速增加，我们可能会遭受很大损失。

一、顶部筹码单峰形态背离

当我们确认股价已经经历明显的放量回升走势以后，从筹码上分析，价格高位筹码单峰出现意味着股价很可能已经见顶。在价格还未跌破筹码主峰前，我们发现卖点已经出现。这个时候，即便股价微小的下跌也会导致价格跌破筹码峰的走势出现。如果我们不去关注顶部筹码峰形态背离，就会因此出现较大亏损。

事实上，主力拉升股价的意图非常明显，筹码才会继续向上转移。从实战经验来看，价格高位的筹码峰规模越大，筹码形成的时间越短，投资者的持仓成本越是集中的价格高位。如果从成交量分析量能不再放大，从指标上看出现见顶迹象，那么我们会发现股价短线可以轻松跌破筹码主峰。

不过价格跌破筹码主峰的时间可能会持续几个交易日。在价格完全跌破筹码主峰前，筹码获利率快速回落，我们不必等待股价真的跌破筹码峰的时候减仓，而是应该早一些卖出股票。否则，因为筹码主峰被价格跌破以后，多数投资者迅速处于亏损状态，价格下跌趋势必然加强，到时候我们的亏损也会提升。

图 6-5 为复旦复华日 K 线图。

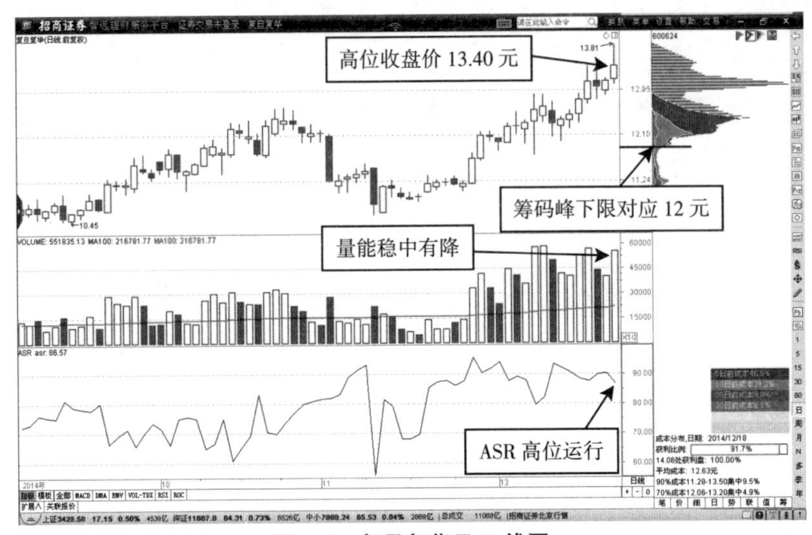

图 6-5　复旦复华日 K 线图

要点解析：

(1) 图 6-5 显示，当成交量明显放大的时候，我们发现股价上涨可能并不会延续下来。虽然量能处于高位，图中显示的成交量却出现了萎缩迹象。价格波动空间较大，筹码明显向价格高位转移。这个时候，是非常危险的反转信号。

(2) 我们发现该股收盘在高位 13.40 元，而筹码峰下限为 12 元。表明筹码峰位置的成本区域投资者盈利空间有限，只要一个跌停板，多数投资者就会处于亏损状态。这种多数筹码的低盈利状态显然是一种背离形态，大量投资者高位买入股票后却盈利有限。这提示我们股价下跌的危险程度很高。如果我们不去减少持股数量，显然会有亏损的可能。

(3) 从浮筹指标 ASR 的表现来看，该指标运行于 80 以上的高位。在价格还未回落前，这种高浮筹的情况显然无助价格上涨。浮筹较大表明当前价位附近的筹码大量存在，股价上涨乏力的情况下，价格见顶的概率会更大。

总结：价格处于高位运行，高浮筹提示我们投资者虽然盈利但是盈利空间有限。在量能放大无望的情况下，价格见顶概率很高。按照多数筹码低盈利的背离形态确认价格高位卖点，我们不仅不会失去盈利机会，还可以减少因为股价回落造成的损失。

图 6–6 为复旦复华日 K 线图。

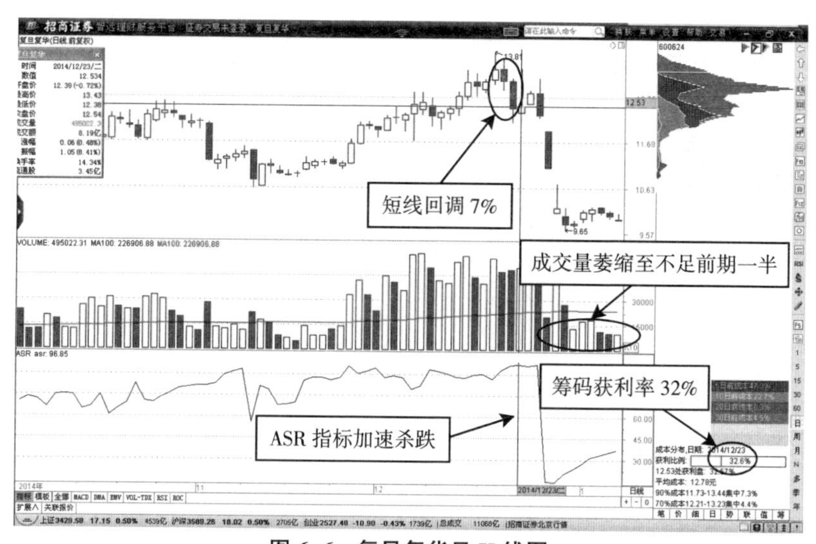

图 6–6　复旦复华日 K 线图

要点解析：

（1）图 6–6 显示，当股价两个交易日跌幅达 7%的时候，我们发现股价已经接近跌破筹码峰。从筹码获利率分析，价格回调以后筹码获利率为 32%，说明仅有 32%的投资者盈利。而价格又非常接近下方筹码，表明 32%的盈利投资者盈利的空间非常有限，这也使得股价难以维持高位运行。

（2）从成交量的表现来看，成交量萎缩速度很快，这是在股价下跌期间出现的缩量信号。量能萎缩至不足前期高位的一半，显示该股活跃度迅速降低。我们确认该股会进入显著的下跌趋势。

总结：可见，当我们确认多数筹码盈利空间不大的时候，考虑减少持股是明智的做法。而一旦价格即将跌破筹码主峰，我们减少持股的速度越快，应对价格下跌就更加及时。如果我们很好地把握交易机会，自然不会出现重大亏损。

二、反弹高位筹码单峰背离

在股价反弹的高位，我们发现筹码单峰形态出现在当前价位附近。这个时候股价还未出现调整走势，虽然大部分投资者处于盈利状态，但投资者的盈利空间并不大。从筹码单峰形态我们可以确认多数投资者持股范围和大体的盈利空间。

反弹期间，筹码单峰出现的过程中，价格很难明显突破筹码单峰位置。因为抛售压力的存在，筹码峰附近的抛售压力很大。因此我们认为价格反弹并且达到筹码单峰上方的时候，这一定是抛售压力较大的折返位置。

我们确认反弹走势很难成为连续上涨的回升趋势，而反弹如果真正达到筹码峰上限，表明多数持股投资者已经处于盈利状态。这个时候，持股投资者的抛售意愿增强。加之前期还未解套的投资者利用价格反弹的机会减仓，这将导致股价大幅回落。那么我们在价格反弹至筹码单峰上方的时候，应该确认筹码盈利空间不大的卖点。快速完成出货动作，这是我们规避价格高位风险的关键。

图 6-7 为华发股份日 K 线图。

要点解析：

（1）图 6-7 显示，当股价技术性反弹至短线高位 17 元的时候，我们发现该股已经由最低价 10.65 元反弹了 60%，表明股价上涨空间已经较大。而图中价格收盘在 17.2 元，筹码峰下限对应价位是 13.7 元，两者相差 25%。

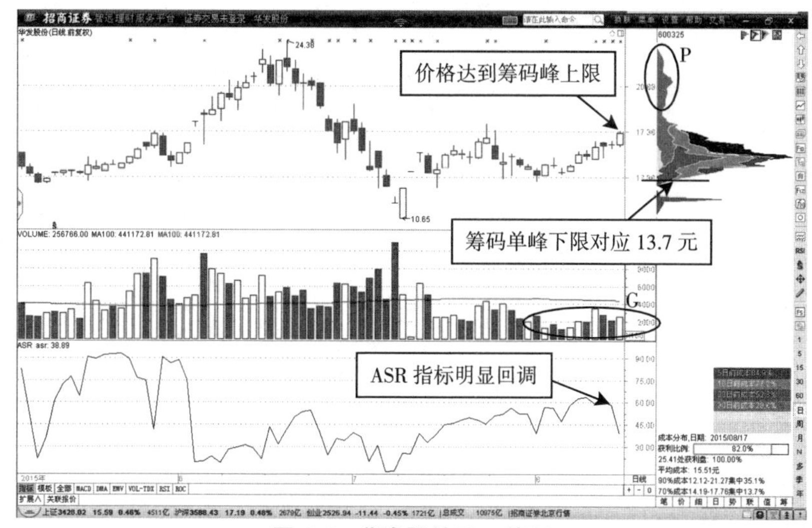

图 6-7　华发股份日 K 线图

（2）从 G 位置的成交量来看，量能明显处于低位运行。成交量还未达到 100 日等量线上方，说明价格继续上涨潜力不足。特别是面对价格下方筹码单峰的抛售压力较大，我们继续持股的风险显然要大于机遇。

（3）从 ASR 指标的表现来看，价格明显上涨以后指标回落。图中显示的 ASR 指标回调至 38，表明价格有脱离筹码峰的迹象。不过量能萎缩的前提下，股价继续上涨的潜力明显不足。

总结：确认价格处于反弹节奏中，并且股价刚刚达到筹码峰上限。这个时候的抛售压力最大，而多数投资者的盈利空间也非常有限，盈利后止盈卖出股票的可能性较高。价格高位 P 位置的筹码规模依然较大，表明套牢的投资者还有很多没有完成解套动作。一旦解套投资者卖出股票，同时盈利投资者又考虑高位减持，价格自然会出现见顶回落走势。

图 6-8 为华发股份日 K 线图。

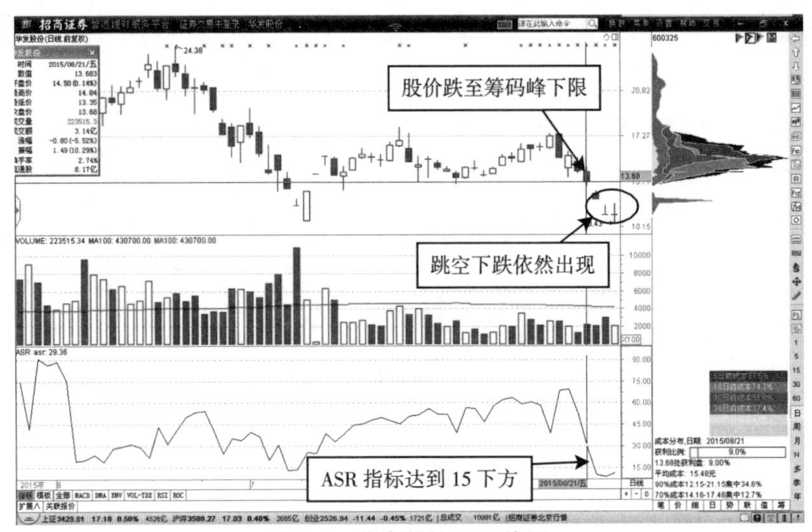

图 6-8 华发股份日 K 线图

要点解析：

（1）图 6-8 显示，当股价跌破了筹码主峰以后，我们发现价格下跌节奏正在加快当中。实际上，股价下跌速度已经超乎多数投资者意料。该股跌破了筹码峰以后，投资者已经大部分亏损。而股价跳空下跌期间，投资者亏损正在快速扩大。

（2）从成交量的表现来看，价格结束反弹以后下跌期间量能萎缩。其实该股反弹期间的量能并未明显放大，股价结束反弹的时候交易机会已经消失。不得不说的是，价格达到筹码峰上限的时候，显然是反弹高位的背离形态。多数筹码虽然盈利但是盈利空间非常有限，这是促使股价下跌的导火索。

（3）从浮筹指标 ASR 来看，该指标在股价回落期间快速探底，指标已经跌至 15 以下，表明价格已经明显远离浮筹区域。事实上，该股股价的下跌节奏很快，股价远离浮筹区域表明依然持股的投资者亏损空间迅速扩大。价格难以短时间内企稳，我们在筹码低盈利的阶段减仓是非常必要的。

总结：可见，我们确认价格处于反弹阶段的时候，虽然股价勉强

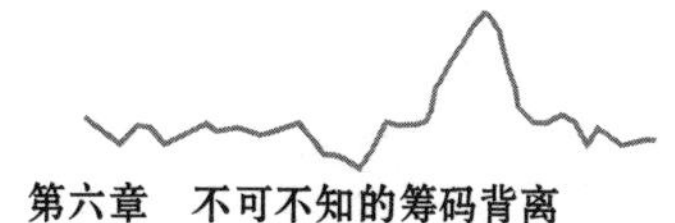

回升到筹码峰以上，但是筹码集中分布在价格下方，投资者盈利空间有限。比较小的盈利状态下，价格维持高位的可能性非常小。而反弹走势达到筹码峰上限，通常也是抛售压力猛增的时刻。我们可以在抛售压力还未使得价格下跌的时候减仓，降低因此遭受的损失。

第三节　少数筹码高获利状态背离

在股价首次出现超跌反弹走势的时候，由于股价前期下跌速度较快，价格跌幅比较大，反弹走势很难改变投资者的盈亏状况。特别是价格高位持股的投资者，不会因为一次反弹而出现盈亏平衡的情况。最好的情况是，股价短线反弹到价格低点筹码峰上方，少数投资者处于盈利状态，多数投资者依然亏损。这个时候，少数投资者获得高收益的情况并不能持续。价格很容易结束反弹走势，而我们需要关注反弹后的卖点。

特别是在价格大幅杀跌期间，如果多数筹码还未转移到价格低点，这个时候出现的反弹很难使得价格高位持股的投资者解套。既然高位持股的投资者不会盈利，而股价反弹只能使得少数投资者盈利，股价进一步上涨就会面临抛售压力了。考虑到这一点，我们应该减少价格高位的持股数量，在股价达到低位筹码峰上方的时候减仓，可以规避持股风险。

一、超跌反弹期间少数筹码盈利

实战当中，我们会遇到股价出现跌幅超过 50%的超跌走势。股价短时间内缩量超跌较大，这会导致很多投资者亏损。尤其是那些迟迟没有转变牛市操作思路的投资者，如果一再拖延减仓交易时间，就会遭受非常大的损失。如果牛市期间赚钱不多，又遇到价格暴跌行情，想要在反弹期间赚回利润非常困难。

股价反弹期间价格上涨速度也很快，只是由于价格高位的抛售压力较大，股价涨幅很难接近下跌前的价格高位。从筹码的分布来看，价格低点的筹码规模相对较大，股价反弹后这部分筹码很快获得较高的短线收益。不过这只是反弹行情中的盈利机会。由于刚刚经历了暴跌行情，追涨投资者非常谨慎，而持股投资者又急于在股价反弹期间减仓，使得股价很难长时间大幅上涨。

一旦我们确认价格处于反弹期间，并且价格低位的少数筹码已经获得了高回报，我们认为这是一种背离形态。少数投资者的高盈利状态会导致股价反弹走势结束。在价格高位抛售压力增加的情况下，我们应该做好减仓交易的准备。

图 6-9 为华数传媒日 K 线图。

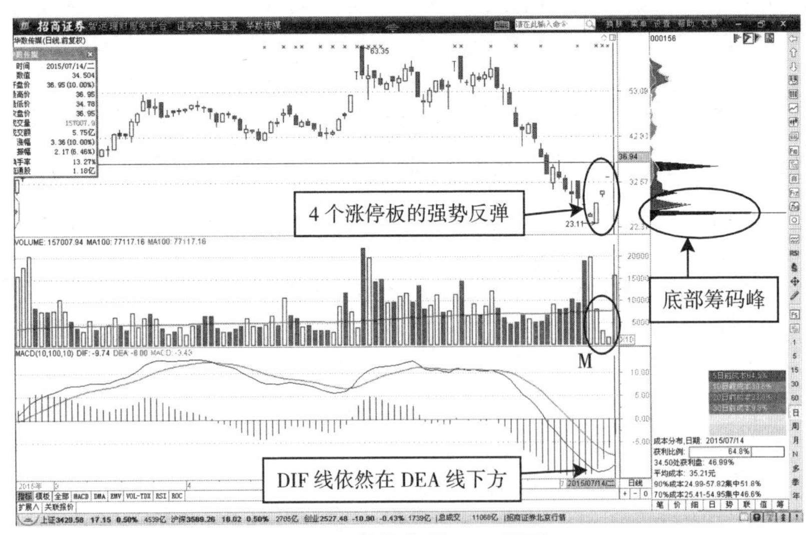

图 6-9　华数传媒日 K 线图

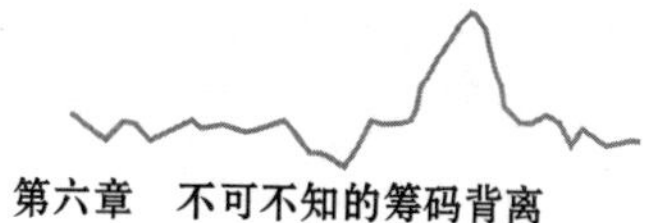

要点解析：

（1）图 6-9 显示，股价从高位 63 元下跌以后，跌至 23 元时，跌幅已经达 63%。而就在超跌行情的价格低点，股价出现技术性反弹走势。连续三个涨停板出现以后，价格低位持股投资者已经获利丰厚。

（2）从筹码的分布来看，价格低位的筹码相对集中，表明抄底买入股票的投资者盈利丰厚。不过从整体的筹码分布来看，价格低位的筹码规模不大。价格反弹以后，只有少数投资者处于比较高的盈利状态，多数投资者处于亏损或者盈亏平衡状态。那么我们确认这是一种背离形态，背离期间价格难以继续上涨。

（3）从成交量的表现来看，股价加速涨停期间量能明显萎缩，追涨成功的投资者非常少，仅有少数价格低位买入股票的投资者获得了高收益。

（4）从 MACD 指标的表现看来，股价反弹空间超过 30%，MACD 指标中的 DIF 线的回升空间有限。DIF 线不仅运行在 0 轴线下方，同时也处于 DEA 线下方，这是股价难以出现强势表现的根本原因。

总结：应该确认价格反弹走势中少数投资者获得高收益，同时多数投资者的盈利状况并不理想。并且，价格高位存在着大量的筹码。那么少数投资者盈利的反弹走势中，我们的减仓机会已经形成。如果我们已经获得了一定的收益，减少持股是应对短线下跌的重要手段。

图 6-10 为华数传媒日 K 线图。

要点解析：

（1）图 6-10 显示，当股价加速反弹结束以后，该股出现了连续两波的下跌走势。股价不仅连续杀跌，而且最低收盘价已经低于前期价格低点。可见，股价下跌已经使得超底投资者处于亏损状态。少数投资者抄底后获得收益并不改变价格的调整节奏，该股的调整显然还没

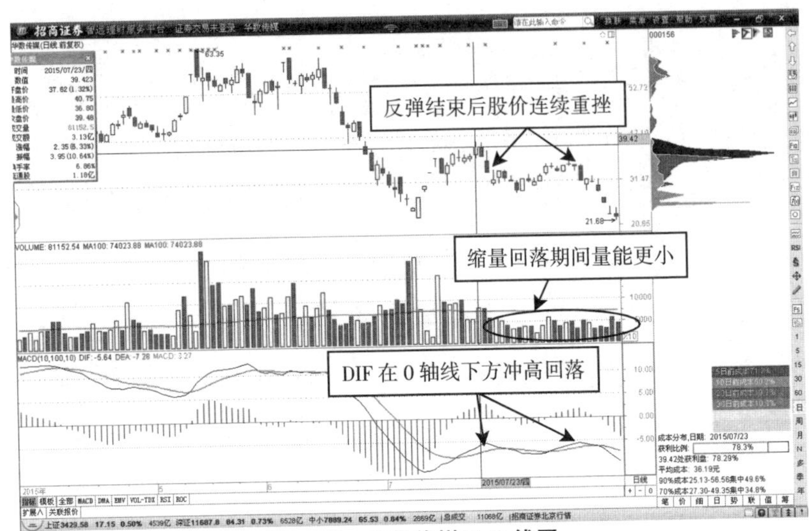

图 6-10　华数传媒日 K 线图

有结束。

（2）从成交量的表现来看，在股价结束反弹走势以后，量能萎缩更加明显。成交量维持低位运行的情况下，该股几乎是以单边下跌完成调整走势。

（3）而从 MACD 指标的表现来看，DIF 线已经处于 0 轴线下方，表明移动平均线的回落趋势还未结束。该股进入明显的下跌趋势中，MACD 指标不支持该股企稳，持币观望的投资者会免于亏损。

总结：在超跌反弹行情中，很少的投资者会在价格下跌期间抄底买入股票，因此大量盈利的投资者也非常有限。从筹码上分析，价格出现强势反弹的时候，少数投资者高盈利的确不是价格能够继续上涨的基础。股价大幅杀跌以后，在不同价位上套牢的投资者依然很多，少数投资者大幅盈利后的抛售压力剧增，价格自然会出现调整的情况。

二、连续反弹中少数筹码连续高获利

在股价超跌反弹走势出现的时候，价格反弹空间较大，而早一些买入股票的投资者盈利会更加丰厚。股价技术性反弹走势可以持续两

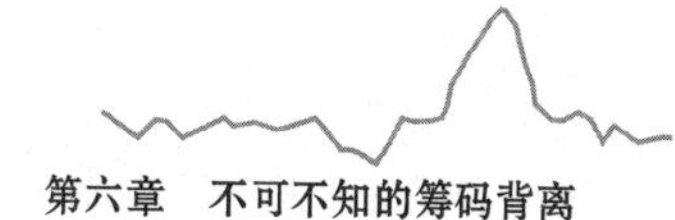

个波段，不过如果到时候依然是少数筹码处于盈利状态，那么价格回调的概率就非常高了。少数投资者盈利的情况很难改变价格调整状态，特别是股价大幅杀跌以后，调整时间会更长一些。

少数投资者盈利的情况，是因为少数投资者抄底的时间比较早。如果价格已经明显反弹，但是筹码并未大量转移到价格低点。或者说，即便筹码转移到价格低位，底部区域的筹码分布还不稳定。那么这个时候，我们依然认为价格还是会出现调整的情况。

在股价大幅杀跌以后，筹码完全向价格低点转移的时间较长，即便股价反弹持续时间较长，筹码也很难全部转移至价格低点。可见，我们在价格反弹期间持股应该非常谨慎。一旦我们确认少数筹码已经明显盈利，那么应该将其视为背离后的卖点。在多数筹码还未稳定在价格低位的时候，这种反弹不会改变价格调整格局。

图 6-11 为国际实业日 K 线图。

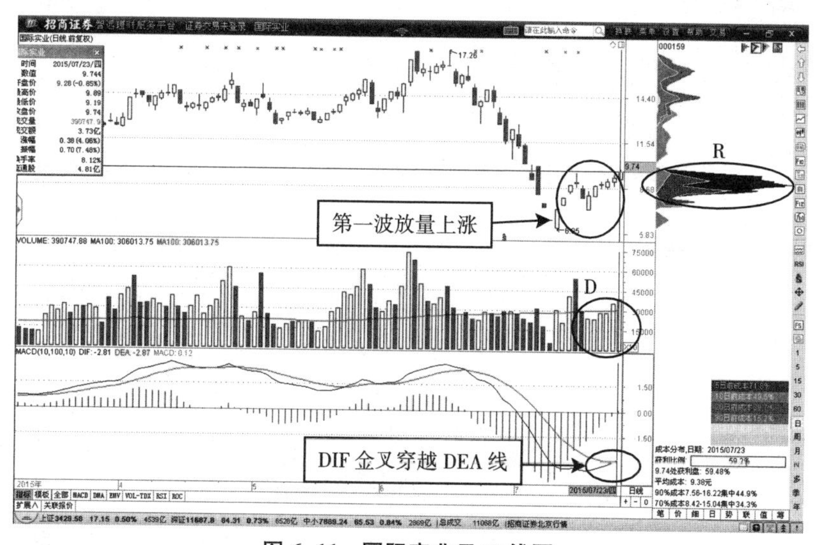

图 6-11　国际实业日 K 线图

要点解析：

（1）图 6-11 显示，价格大幅杀跌后的首次技术性反弹走势中，该

股短线涨幅达 30%。股价涨幅空间较大，而图中 R 位置的筹码峰规模较大，并且处于当前价位下方，因此我们可确认少数投资者已经获得了丰厚收益。

（2）从成交量的变化来看，图中 D 位置的量能明显处于放大状态，这是股价得以大幅反弹的基础。这种量能放大的时间越长，该股的反弹空间也会越高。

（3）图中 MACD 指标中的 DIF 线刚刚突破了 DEA 线，表明指标出现了企稳迹象。不过在 DIF 线突破 0 轴线前，均线向上发散的情况不会出现。持股的投资者有望继续获得收益，不过这种价格反弹的盈利时机不会太长。

总结：虽然股价反弹高达 30%，但是当前价位上方的筹码规模依然很大，表明持股投资者的套牢状况依然严峻。在这种情况下，股价即便出现回升走势，价格上涨潜力也不会大。相反，我们会发现股价反弹期间遇到明显的解套压力。因此，我们认为这种少数筹码大幅盈利的情况不可能持续，我们应该做好减仓交易的准备。

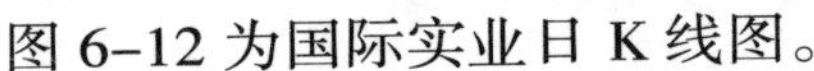

图 6–12 为国际实业日 K 线图。

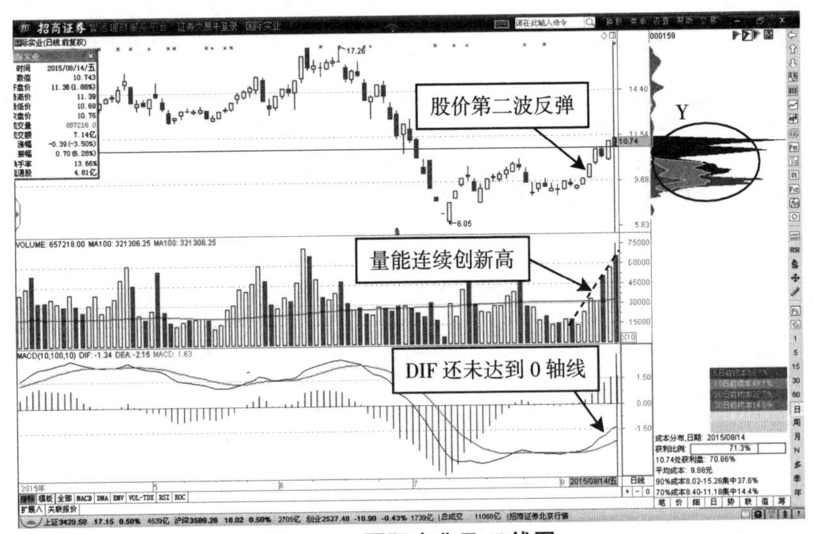

图 6–12　国际实业日 K 线图

要点解析：

（1）图 6-12 显示，图中股价经历了第二波回升走势，价格上涨期间，图中 Y 位置的筹码规模再次增加。事实上，当前价位下方的筹码规模已经很高，显示盈利投资者的数量急剧膨胀。

（2）我们分析图中成交量的变化发现，量能加速放大的趋势未变。不过股价上涨期间出现的阴线形态逐步增加，这是抛售压力增大的结果。

（3）从 MACD 指标的表现来看，DIF 线已经显著回升，但是依然处于 0 轴线下方。这表明，均线依然没有出现回升迹象，只是向下移动的速度趋缓。这个时候，我们确认该股还未走出下跌趋势，早一些减少持股有助于盈利的投资者保住收益，避免因为股价二次回落遭受损失。

总结：股价反弹时机增加，价格上涨空间也在增大，不过筹码并未完全转移到价格下方，并且当前价位下方的筹码还不稳定。这个时候，我们宁愿相信价格还未企稳，也不应盲目地持有股票。连续反弹期间，依然只有少数投资者获得收益，那么股价反弹至高位以后解套和止盈抛售压力同时出现，价格将很快回落。

图 6-13 为国际实业日 K 线图。

要点解析：

（1）图 6-13 显示，当股价从筹码峰上限回落的时候，这种下跌走势转变为明显跳空下跌行情。该股回落速度非常快，我们没能在最佳时机卖出股票就会亏损 36%以上。相比较前期的下跌趋势中的价格跌幅，跌幅达 36%的情况下，我们持股遭受的损失依然很大。

（2）从成交量的表现来看，图中 E 位置的量能萎缩非常明显，说明价格难以维持高位运行。这期间，价格下跌回调的走势得到很好的延续。我们在这段时间内持币观望，是应对图中趋势的最佳选择。

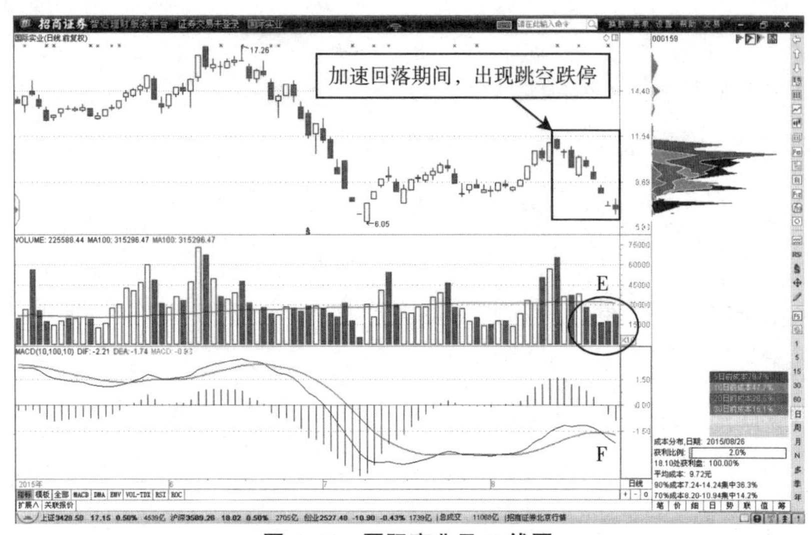

图 6-13　国际实业日 K 线图

（3）从 MACD 指标的表现来看，图中 DIF 线已经在 F 位置跌破了 DEA 线，表明均线向下的回落正在加剧。均线回落的过程中，价格下跌节奏正在加快。

总结：可见，通过分析 MACD 指标和成交量萎缩趋势，我们发现该股短线回落趋势非常明显。技术方面分析，该股下跌趋势得到延续。回过头来看，既然我们已经确认股价反弹期间少数投资者获得高收益，那么我们确认这是一种背离形态，同时是我们短线高位减少持股的机会。

第四节　多数筹码低亏损背离

在股价回升的过程中，短线回调的价格走势出现以后，筹码会处于明显的亏损状态。尤其在股价调整时间较长的情况下，筹码已经调整到单峰形态的时候，多数筹码都已经处于亏损状态。这个时候，我

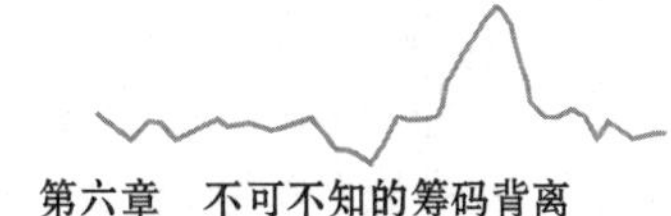

们发现价格下跌趋势正在减缓。虽然持股投资者中亏损面积较大，但是亏损空间并不大。事实上，由于前期价格回升趋势非常明显，股价小幅回调并不容易改变上行趋势。当股价调整到位以后，主力拉升股价之时价格上涨潜力依然存在。

在实战当中，主力投资者拉升股价的阻力较大的时候，就会采取洗盘策略打压股价。价格跌破筹码主峰，是主力成功洗盘的信号。这个时候，持股的散户投资者几乎全部亏损，但是由于价格并未继续下挫，因此投资者的亏损空间不大。我们根据主力投资者的洗盘策略确认大量筹码处于低亏损状态，这是一种明显的背离形态。背离的结果是股价出现放量企稳的走势，提示我们建仓交易机会出现。

一、地量洗盘期间少数筹码低亏损背离

当股价明显大幅回升以后，冲高回落的走势开始之时，股价很可能已经进入调整状态。调整状态可以持续很长一段时间，不过价格在股价调整之时跌幅有限。从成交量的表现来看，量能萎缩是价格调整的重要特征。一旦成交量萎缩到地量状态，价格继续下跌的空间就非常小了。随着成交量稳步回升，股价必然摆脱持续下跌的格局。

实战当中，我们发现价格达到地量调整的短线低点以后，波动行情中的反弹走势就会出现。价格反弹速度很快，以至于我们如果不及时买入股票，就很容易错过盈利机会。而股价反弹前筹码处于短线高位，虽然多数筹码都已经处于亏损状态，但是亏损空间并不大，这也为接下来股价上涨提供了帮助。

实际上，股价达到地量调整的价格低点以后，价格下方依然存在少量筹码。下方筹码是主力投资者的持仓成本区，是股价企稳的重要支撑筹码。既然价格下方的主力筹码依然存在，股价就不可能无限制地跌下去。而通过多数筹码处于低亏损状态，我们判断价格已经下跌

到位，是时候买入股票建仓了。

图 6-14 为国际实业日 K 线图。

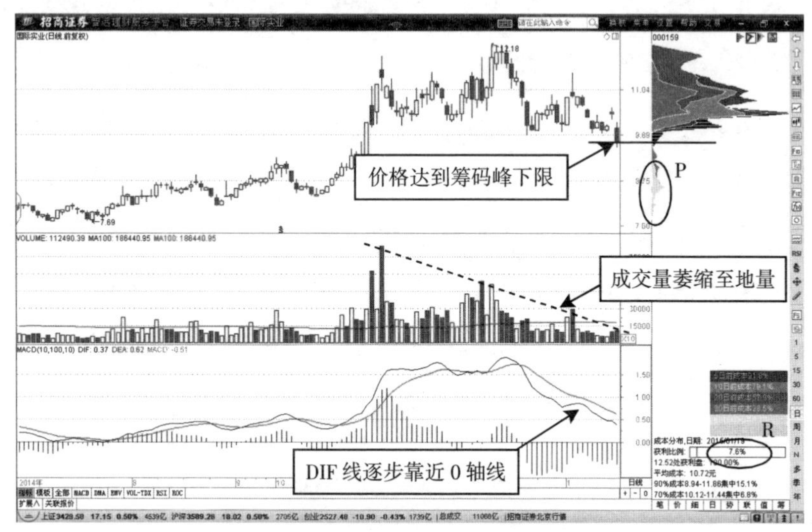

图 6-14　国际实业日 K 线图

要点解析：

（1）图 6-14 显示，我们发现在价格明显下跌的过程中，股价累计跌幅相对较大，价格已经处于筹码峰下限。而当前价位上方筹码不仅非常集中，而且规模是非常大的，表明投资者的持仓多数集中在价格上方区域。

（2）值得关注的是，当前价位下方 P 位置的筹码依然存在，并且是连续分布的情况。这部分筹码对应的持仓价位较低，是主力投资者的持仓成本区。股价回调期间接近主力投资者的持仓成本，这是价格下跌到位的信号。

（3）从成交量的表现来看，图中量能明显在价格回调期间处于萎缩状态，这是洗盘的结果。该股的活跃度降低，是因为主力投资者正处于洗盘的过程中。在量能达到地量的过程，我们发现交易机会出现在价格回落的阶段。

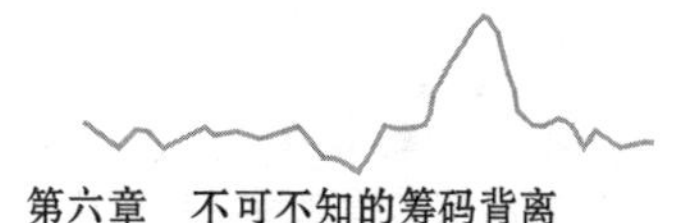

（4）当 MACD 指标明显处于回落趋势的时候，我们确认价格短线不会出现企稳走势。不过，随着 DIF 线逐步靠近 0 轴线，均线距离企稳越来越近。结合成交量和筹码表现，我们确认该股继续回落的空间已经不多，是时候买入该股建仓了。

总结：当我们确认价格明显跌破筹码峰的时候，虽然股价跌幅不大，多数筹码却已经处于低亏损状态。这个时候，多数筹码低亏损状态被认为是一种背离形态，是我们确认建仓时机的位置。只要价格没有跌破低位主力投资者的持仓成本区，反弹走势就会出现。我们利用股价跌破筹码峰的时机买入股票，可以获得廉价筹码，这是今后获得高盈利的关键。

图 6–15 为国际实业日 K 线图。

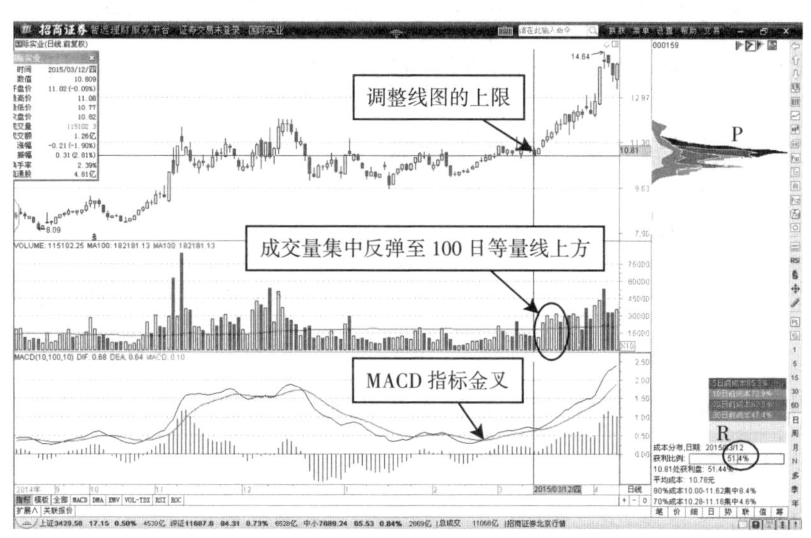

图 6–15 国际实业日 K 线图

要点解析：

（1）图 6–15 显示，我们发现股价地量见底以后出现稳步回升的走势，价格达到短线高位以后，成交量集中放大至 100 日等量线上方，推动价格不断走强。前期我们建仓交易以后，已经能够获得高达 40%

的收益。

（2）从筹码形态来看，价格企稳在短线高位平台以后，图中 P 位置的筹码呈现出明显的单峰形态。单峰筹码形态中，投资者的持仓成本非常集中，结合量能放大的状态，我们确认这是股价得以回升的基础。

（3）从 MACD 指标的表现来看，DIF 线不仅稳定在 0 轴线上方，而且出现了单边上行的情况。DIF 线回升趋势得到加强，表明均线正在向价格高位发散，这是回升趋势的典型特征。可见，我们会在前期持股以后获得不错的收益。

总结：主力投资者洗盘结束的时候，筹码呈现出单一的峰形，而 R 位置显示的筹码获利率也高达 51%。这表明，该股已经结束了调整，并且会在筹码单峰支撑下大幅上行。前期我们确认了多数筹码低亏损的背离是不错的买点，是价格回升趋势中难得的入场建仓时机。

二、长期横盘后筹码低亏损背离

当股价横盘时间较长的时候，价格长期横盘过程中很容易出现下跌走势。横盘时间过长股价出现缩量下跌，这是主力放任股价调整的结果。主力投资者短期没有任何拉升股价的意图，导致价格明显出现缩量调整。当价格调整到地量状态的时候，股价处于筹码峰下方。虽然持股投资者中多数亏损，但是亏损空间并不大，这是股价能够再次企稳的基础。

从下跌的时间来看，缩量下跌的时间越长，散户投资者对追涨的热情越弱。当量能达到地量的时候，是股价长期下跌后价格难以回升的信号。我们确认地量出现之时价格已经跌破了散户投资者的持仓成本区，虽然继续下跌幅度有限，却足以达到洗盘效果。我们可以根据筹码峰形态确认多数筹码低亏损的背离形态，这是典型的建仓交易机

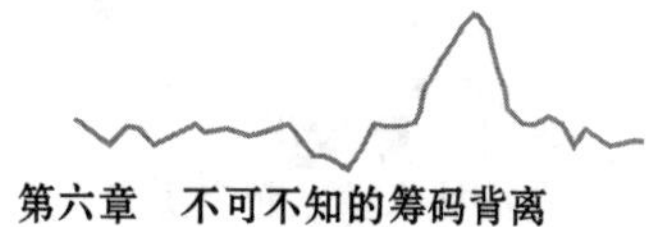

会，是我们获得波段行情盈利的重要看点。

图 6-16 为天通股份日 K 线图。

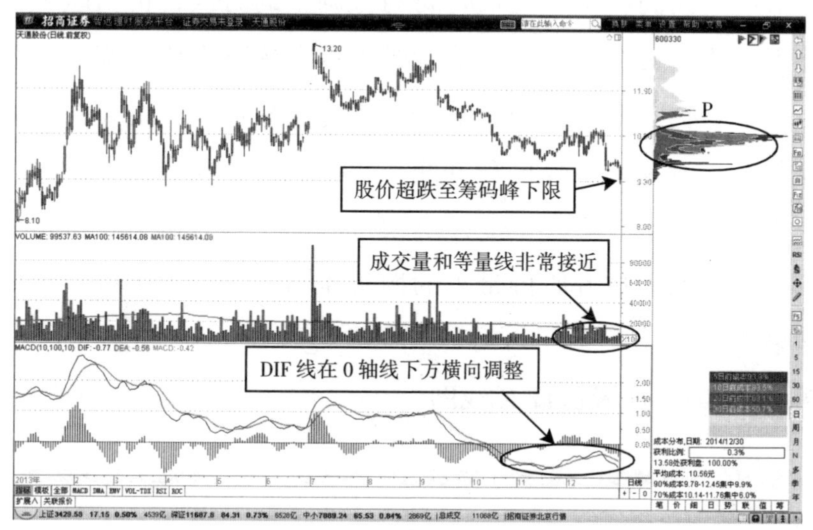

图 6-16　天通股份日 K 线图

要点解析：

（1）图 6-16 显示，股价进入波段调整行情的时候，我们发现该股调整时间已经长达一年。在一年的时间，该股没有出现任何累计涨幅。根据价格缩量下跌判断，股价已经成功跌破了 P 位置对应的筹码峰。这个时候，多数持股投资者持仓成本在当前价位上方，但是亏损空间却并不大。很明显，这是主力洗盘的结果。多数筹码处于价格上方，主力拉升股价的阶段，这种筹码低亏损的背离很快会转变为高盈利的情况。

（2）从成交量的表现来看，图 6-16 中量能达到地量的时候，100 日等量线与成交量非常靠近。这表明，前期缩量下跌的走势已经使得该股的活跃度大大降低。这个时候，价格下跌空间已经不多，该股很容易出现放量后的反弹走势。

（3）从 MACD 指标的表现来看，该指标跌破 0 轴线以后，DIF 线并未明显大幅回调。这表明，下跌趋势中指标表现相对强势。股价累计跌幅不高，一旦主力开始拉升股价，后期必然有较好的表现。

总结：当我们确认股价长时间弱势调整的时候，价格跌破筹码峰区域并不奇怪。这个时候，多数持股投资者的持仓成本都处于价格上方，但是亏损空间不大，是非常好的建仓交易机会。主力投资者掌握了洗盘节奏，就是要多数投资者处于亏损状态。只有这样做，才能检验散户投资者的持股耐心。能够继续持股的投资者也会在价格回升期间持股，减少因为拉升股价带来的抛售压力，这是主力投资者愿意看到的结果。

图 6–17 为天通股份日 K 线图。

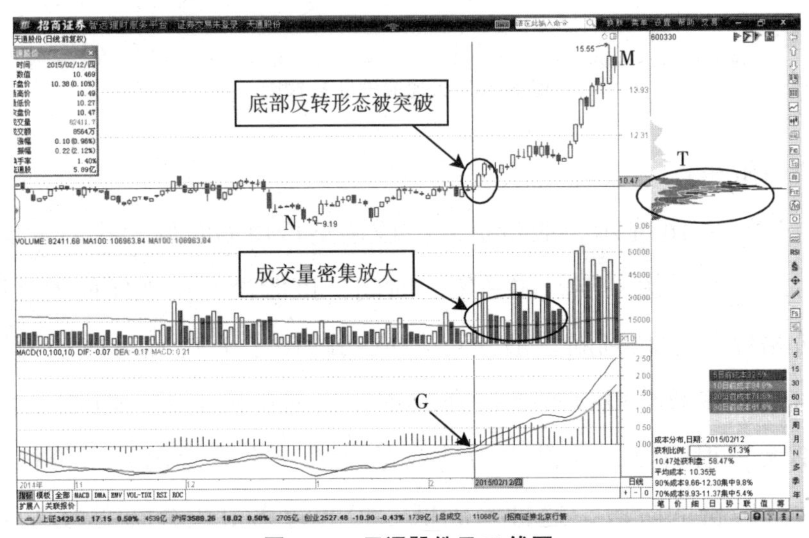

图 6–17　天通股份日 K 线图

要点解析：

（1）图 6–17 显示，当股价摆脱长期缩量调整走势以后，图中放量回升的阳线形态脱离了价格底部区域，该股的回升趋势得到确认。同期 T 位置的筹码峰达到单峰密集分布形态，价格脱离该筹码峰的时候，正是多数投资者开始盈利的时刻。

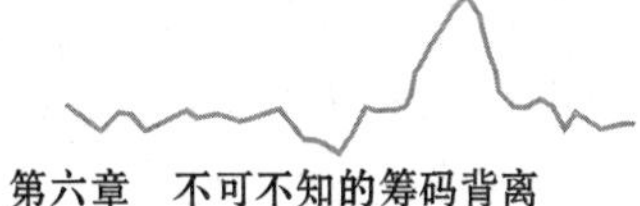

（2）从成交量的表现来看，股价脱离底部区域的时候，成交量很快恢复到 100 日等量线上方，这是该股活跃度大幅回升的信号。量能维持如此高的位置，价格上行趋势显然不会停止。

（3）在股价放量上涨期间，同期 MACD 指标的 DIF 线已经突破 0 轴线。图中 G 位置 DIF 线突破以后单边回升，这是均线向高位发散的结果。

总结：可见，股价缩量调整期间，即便价格跌破了筹码峰也并不可怕。当量能达到地量的时候，股价继续回落的空间已经非常有限。如果股价继续下跌，主力投资者的持仓成本价也将被跌破，这是主力投资者不愿看到的结果。而我们可以根据价格跌破筹码峰后的多数筹码低亏损确认背离形态和建仓机会，买入股票自然获得高收益。

第七章　个股与指数背离

上证指数回升的时候，多数个股会出现上涨的走势，个股与股价同步运行是大概率事件，我们发现大多数时间，多数股票和股指可以形成比较好的联动。实战当中，我们可以根据这种联动效应挖掘交易机会，发现实战当中的买卖时机。特别的情况下，个股会与股指形成背离走势，当股指上涨的时候，个股已经出现明显的回落。而当股指下跌的时候，个股走势会非常强势。我们就是需要关注那些与股指走势背离的个股。因为这些个股并非不具备交易机会，而是我们可以利用背离来确认买卖时机，提高盈利空间。很多牛股都是在与股指背离期间形成买点。特别是在股指明显处于调整阶段的时候，背离上涨的个股表现较强，能够为我们带来丰厚的投资收益。

第一节　个股与指数同步的高概率走势

实战当中，股指上涨期间个股也会出现明显的回升。在个别的交易日中，个股与股指走势会出现背离情况。不过在多数情况下，个股与股指都是以同步回升来完成牛市行情的。个股与股指同步回升期间，我们发现非常典型的建仓交易机会出现在价格回调期间。如果我们打算买入那些表现强势的个股，可以在股指调整期间介入。股指短线回调的时候，个股也会出现相应的调整走势，这为我们建仓和盈利提供了机会。

实战当中，不管是流通盘比较大的大盘股还是流通盘很小的小盘股，总体上波动趋势与指数表现相差不会太多。从价格运行趋势来看，活跃个股会强于指数，短期涨幅可以大于指数表现。从中长期的走势来看，活跃小盘股的走势与股指表现息息相关，两者有非常强的联动。流通盘大的股票与股指同步性更强，股指上涨的时候，大盘股与股指走势非常一致。

一、周收盘线联动

周收盘线的表现更加稳定，不管是指数走势还是个股表现，都不容易出现明显的大涨大跌情况。特别是与股指联动性好的个股，与指数上行趋势非常一致。我们发现，不管是价格处于低位盘整阶段，还是放量上行的回升阶段，我们都可以利用联动性确认价格回升趋势。

既然联动性很好，那么周收盘线中股指调整的时候，个股也会出现相应的回落走势。我们在股指回调期间考虑买入调整走势的个股，这是典型的建仓和盈利的机会。

图 7-1 为上证指数和天房发展日 K 线叠加图。

要点解析：

（1）图 7-1 显示，上证指数和天房发展日 K 线叠加图中，我们发现两者走势非常一致。不仅波动空间相似，股价和指数同步调整、同步回升的趋势也非常一致。那么我们确认这是一种非常正常的同步运行趋势。实际上，多数股票走势与指数都有这种同步性，这是我们确认股价与指数背离的基础。

（2）从成交量的表现来看，我们发现图中量能集中放大期间，量

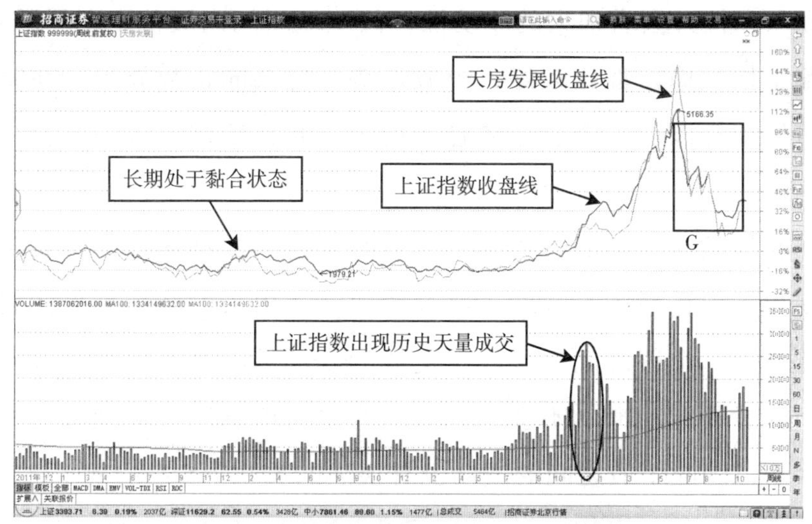

图 7-1 上证指数和天房发展日 K 线叠加图

能已经达到天量状态，这是历史上难得一见的量能状态，可见推动指数上涨的力量非常强。同期天房发展与指数走势一致，也出现了明显的拉升。不过从涨幅上看，天房发展涨幅与指数涨幅相差不大。

（3）当指数明显出现回落的时候，我们发现价格 G 位置的指数和天房发展下跌节奏非常接近。股价价格下跌幅度较大，同步回落期间，我们持股的盈利机会不多。这说明，不管是回升趋势还是熊市中的下跌走势，个股与指数同步性还是非常好的。

总结：我们关注个股走势与股指的同步运行趋势，两者运行节奏相一致，这是我们买卖股票的重要依据。实战当中，股价与股指背离的情况并不多见。一旦背离形成，要么股价短线出现更大跌幅，要么成为难得的强势黑马股。背离回落期间，价格低位的建仓机会是不错的买点。而背离回升之时，我们买入股票即可获得高收益。

二、指数与三只股票的日收盘线叠加图

上证指数与个股的回升趋势也会有非常相似的联动性，即便个股短线表现非常强势，中长期的行情联动性都不容忽视。个股因为主力

短期介入和拉升会有很大的波动性，甚至短时间内股价出现暴涨走势。不过鉴于指数稳定性比较好，个股走势一定会向指数靠拢。在完成波段行情的飙升以后，个股走势趋于稳定，并且后期走势一定会与指数保持一致。

个股与股指联动的过程中，个股有自身的波动强度，具备不同的波动规律。而指数因为选取了所有股票计算出来的结果，更代表市场的整体表现。个股之间来比较，走势的联动性不会非常明显。不过个股之间的波动差距通常不会过大。因为整个市场的波动性都与指数波动性联动，因此个股之间的波动也有很强的关联。

图 7–2 为上证指数、天房发展和同济科技日 K 线叠加图。

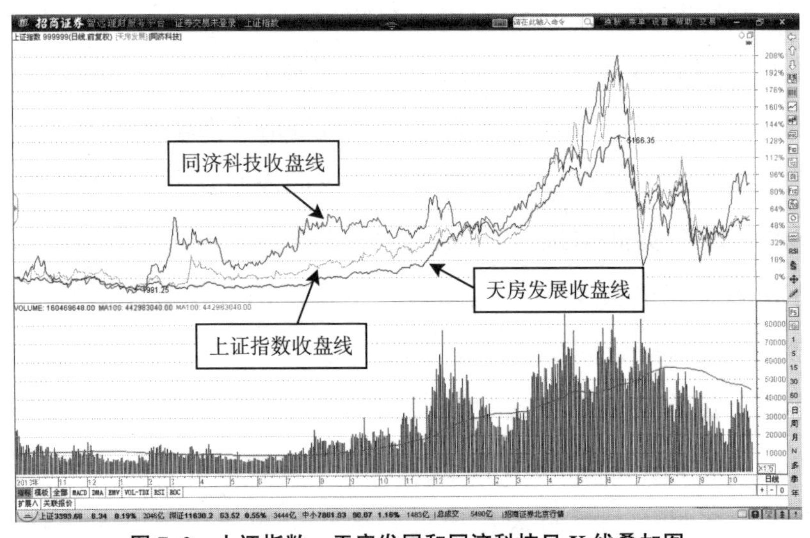

图 7–2　上证指数、天房发展和同济科技日 K 线叠加图

要点解析：

（1）图 7–2 显示，当我们分析两只股票和指数同步性关系的时候，我们发现个股走势有强有弱，但是与指数同步性都存在。图中显示的同济科技的走势相对强势，多数时间里表现强势，但是与指数存在长期同步回升走势。而天房发展走势与指数同步性较好，该股波动空间

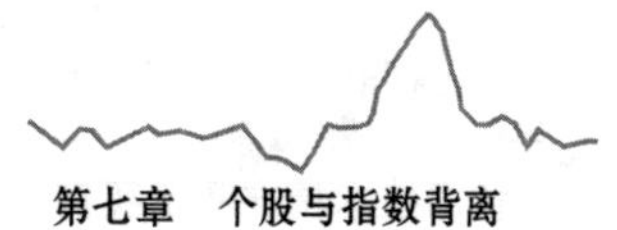

通常不高。

（2）不得不说的是，股价有一些时间段表现强势，这是正常的价格反应。通常来看，个股波动空间会高于指数波动空间。同济科技在很多时候更容易出现连续上涨的走势，不过中长期的价格回升规律与指数一致。

总结：多股与指数走势对比的时候，股价与指数联动性也是比较好的。股价相对指数强势的时间段并不长，中长期趋势中，个股与指数很少出现背离。牛市和熊市当中，股价与指数同步性都比较好。实战当中，我们可以利用股价和指数运行确认背离交易机会。

第二节　指数下跌个股回升背离

在指数下跌期间，多数个股会出现下跌走势，极少数个股会出现逆势回升的情况。这个时候，我们确认这种逆势回升走势值得关注。如果股价走势非常强势，个股背离回升一定是非常不错的建仓交易机会。特别是在股指已经明显出现企稳迹象的情况下，强势个股走势较强，我们买入这类股票的盈利机会就很大了。

因为股指不会在每个时段都出现上涨，而股市当中个股表现总是差强人意。我们选择那些与股指背离的股票，就是要在不好的情况下挖掘交易机会。个股走势与股指背离，就说明市场对个股走势已经达成一致。股价上涨虽然与指数背离，这种背离情况却能延续下来。股价走势还会更强，我们买入股票自然可以获得短线收益。

一、个股强势拉升大阳线背离

当股指出现回调走势的时候，指数跌幅越大，个股表现越弱势。实际上，当股指跌幅达到2%以上的时候，能够顺利涨停的股票就屈指可数了。没能涨停的股票多数表现非常弱，甚至出现跌停的走势。那么在股指回调期间，能够出现较大涨幅的股票一定是非常少的。在多数股票出现下跌的情况下，强势股总是表现得独树一帜。强势股价可以在大跌的行情企稳跳涨，并且可以大阳线收盘。

我们确认逆势上涨的大阳线形态是非常典型的强势表现，是主力投资者逆势拉升的结果。个股走势较强，价格大涨的情况与股指下跌形成鲜明的背离。这种背离其实是股价可以继续回升的表现，是我们在股指走弱的时候买入的强势品种。一旦我们持有这类股票，不仅不会在股指下跌期间遭受损失，还会因为强势股的拉升获得丰厚收益。实战当中，我们寻找这类强势股持有，一定能够获得丰厚的利润。

图7-3为上证指数、特力A日K线叠加图。

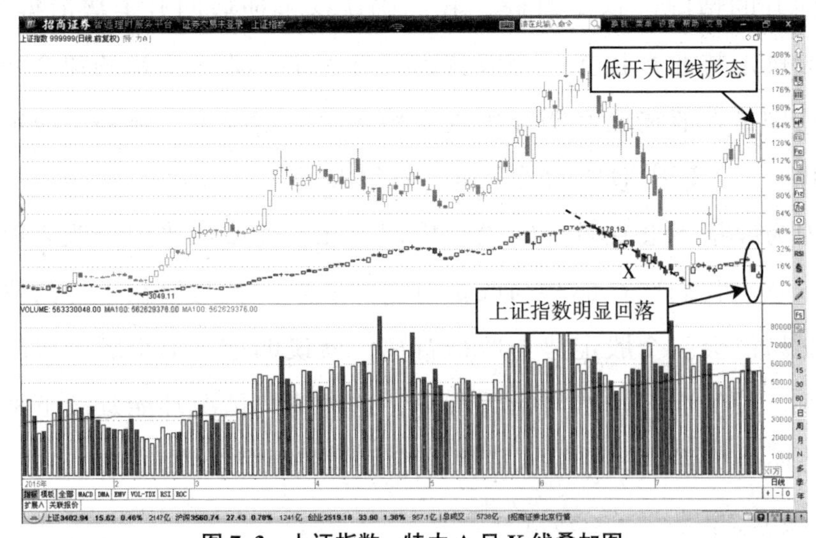

图7-3 上证指数、特力A日K线叠加图

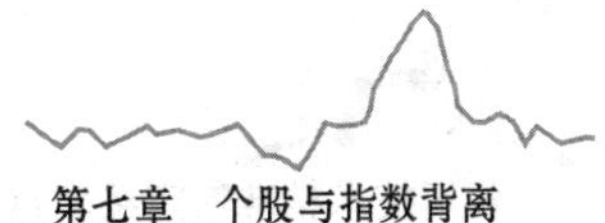

要点解析：

（1）图 7-3 显示，当上证指数明显调整下跌的时候，我们发现特力 A 出现了更强势的表现。该股虽然与股指同步低开下跌，但是随后出现反弹走势。收盘期间以大阳线回升确立了上行趋势。我们确认这是一种非常明确的强势表现。那么考虑在该股逆势回升期间买入股票，我们可以获得建仓机会。

（2）我们分析一下指数的走势，可以发现图中 X 位置指数连续下跌幅度很大。在一个月的时间里，指数跌幅已经高达 32%。通常个股波动空间会达到指数波动的两倍。指数跌幅达 32%的时候，个股跌幅可能超过 64%。

（3）特力 A 前期暴跌走势与股指下跌趋势非常一致，但是在反弹期间该股表现更加抢眼。能够在股指反弹结束以后继续表现出强势，是特力 A 与股指背离的重要形态。我们确认这是一次难得的追涨交易机会，特别是在该股维持反弹格局的情况下，价格上行趋势还没有结束迹象。而指数走势相对较弱而特力 A 表现非常强势的走势中，这种背离提供的盈利机会不容忽视。

总结：实战当中，我们发现就是有一些非常强势的股票涨幅远远超过指数。特别是在指数表现不佳的情况下，强势股的拉升为我们提供了非常好的盈利机会。虽然像特力 A 这种涨幅较大的股票与指数背离，但是我们认为这种背离还将延续下来。而买入这类股票以后，我们的利润有望急剧回升。

图 7-4 为上证指数和特力 A 日 K 线叠加图。

要点解析：

（1）图 7-4 显示，当指数延续横向调整走势的时候，我们发现特力 A 的回升趋势依然非常明显。可见，特力 A 的回升趋势就是一种典型的背离过程。虽然该股走势与指数弱势调整背离，但是这并不影响

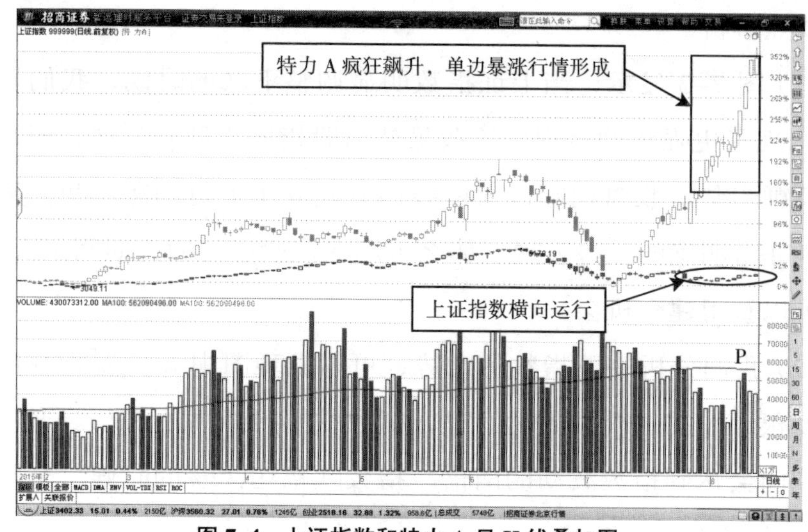

图 7-4　上证指数和特力 A 日 K 线叠加图

股价上行过程。前期该股涨幅已经较大的情况下，股价低开大阳线确立以后继续飙升 100%。

（2）通常，在指数表现并不强的时候，个股涨幅会非常有限。少量股票可以表现更加强势，成为股市中难得的黑马股。特力 A 就是这样的黑马股。

（3）从成交量的表现来看，我们发现股指横盘期间，图中 P 位置的量能已经在 100 日等量线下方。说明这个市场的活跃度相比前期要小很多，而我们买入特力 A 这种股票，显然已经买到了非常强势的牛股。之前我们说过，通常背离意味着价格运行趋势会出现逆转。但是该股这种背离却非常强势。股价大幅低开的情况下依然出现企稳回升走势，这值得我们追涨买入股票获得收益。

总结：通常股指走势经过调整以后，牛股容易在反弹阶段出现。因为股价跌幅较大，热情高涨的投资者继续投入资金到牛股里。那么这个时候，价格自然表现得更加强势。与股指弱势调整相比，牛市表现出与指数背离的回升趋势。价格上涨速度很快，我们有机会在价格继续走强的时候持股，盈利空间远超买入其他股票带来的收益。

二、短线表现强势的拉升

当指数明显弱势调整的时候，个股表现强势是我们考虑建仓的重要条件。表现越强势的个股，在股指回调期间上涨空间越大。很明显，个股回升与股指的回落形成背离，不过这种背离很可能是我们需要关注的建仓交易机会。股价摆脱了市场的调整状态，出现单边行情显然是一种背离形态，同时也是我们需要追涨买入股票的时候。

事实上，只要指数没有出现大幅度杀跌，个股表现出强势回升走势，一般是难得的追涨买入机会。背离出现的时候，个股走势不会在短时内与股指走势靠拢。相反，在个股继续表现强势的时候，股指企稳之后可以与个股同步上行。到那个时候，我们持有股票就已经获得了丰厚收益。

图 7-5 为上证指数和重庆港九日 K 线叠加图。

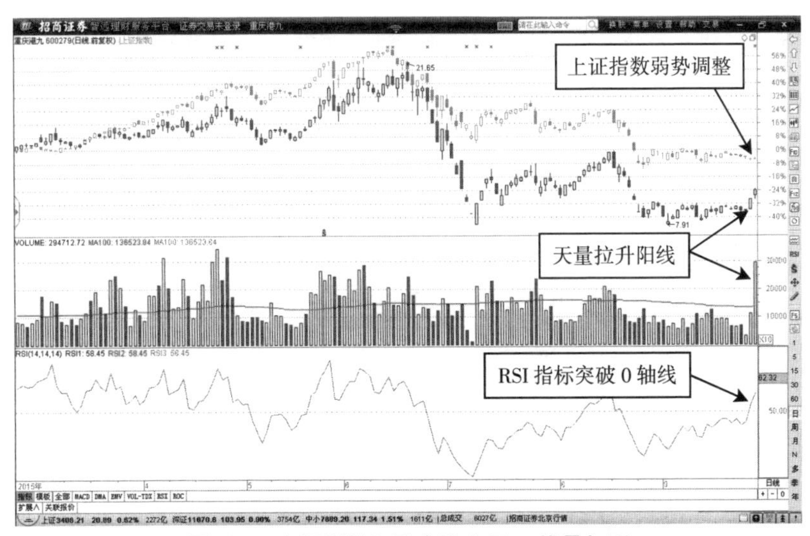

图 7-5　上证指数和重庆港九日 K 线叠加图

要点解析：

（1）图 7-5 显示，当指数出现弱势横盘走势的时候，我们发现重庆港九的走势更加强势。该股在三个交易日内明显放量，量能达到天量的时候，股价涨幅已经达 18%。如此强势的价格表现，表明该股已经与指数形成背离。这种背离形态中，重庆港九后期会表现得更加强势。该股短线天量上涨只是回升趋势的起点。

（2）通过分析 RSI 指标，我们发现图中指标已经处于 50 线上方。而 50 线是多空分界线，既然指标突破 50 线，该股后期强势表现可以期待。我们确认重庆港九与指数背离的情况还是会延续。利用背离走势买入股票，波动行情中自然能够获得收益。

总结：在指数大幅回落的时候，重庆港九的下跌空间较大，跌幅超过 60%。同期指数企稳以后，我们发现该股走势更强势。天量拉升提示我们主力大举介入该股。股价活跃度提升速度很快，该股短期表现显然要强于指数，这是我们买入该股的重要机会。

图 7-6 为上证指数和重庆港九日 K 线叠加图。

图 7-6　上证指数和重庆港九日 K 线叠加图

要点解析：

（1）图 7-6 显示，重庆港九天量确认回升趋势以后，短线上涨空

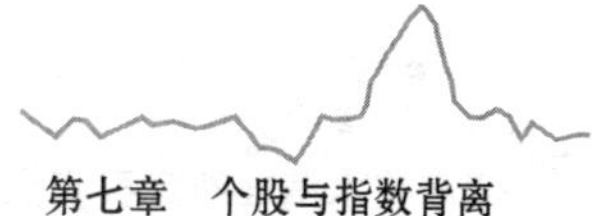

间高达 50%。相比指数弱势运行的走势，该股表现更加抢眼。的确，重庆港九与股指背离回升，这是我们短线建仓的交易机会。价格短期不会出现任何大幅回调，我们持股可以盈利 50%以上。

（2）成交量上显示，图中 H 位置的量能已经畸形放大，这与前期量能萎缩形成鲜明对比。该股回升期间，频繁出现跳空上涨和阳线形态，价格回升趋势非常明确。从持股和盈利的效率来看，短短一个月内涨幅达 50%，这已经是非常难得的强势表现。

（3）从 RSI 指标的表现来看，图中指标强势回升到接近 80 超买区域。指标表现异常抢眼，我们确认这是非常难得的强势表现。在指标还未超买的时候，股价涨幅已经很高。

总结：当指数明显大幅杀跌的时候，很少有股票能够幸免。个股普遍下挫之后，指数企稳过程中，总是存在一些非常强势的牛股，表现出与指数背离的走势。股价异常强势的表现中，我们发现交易机会出现在价格上涨期间。

第三节　指数回升个股下跌背离

在指数回升期间，个股出现明显的下跌走势，这可以是停牌股票复盘后的一种正常反应。当然，个股也可能因为利空消息出现明显的回落走势。不过这种回落走势出现以后，价格继续下跌的空间不会很大。特别是在股指已经明显企稳回升的情况下，个股一再下跌的情况很难得到延续。总会有场外投资者想要在价格回落期间抄底，而个股背离回落确实提供了这样的低价建仓机会。

实战当中，我们买入那些背离回落的个股，这种操作有一定的风险性。不过我们可以利用价格超跌确认价格底部，当然也可以利用股价低位企稳信号确认底部。不同的方式确认的底部都有比较好的效果，这能够帮助我们更好地适应建仓机会。

一、个股停牌后的背离回落走势

当指数出现明显的回落走势时，我们发现停牌股票一定会在开盘期间出现补跌行情。特别是股指明显下跌的情况下，停牌股票又没有发布任何利好消息，那么股价补跌的空间就非常高了。实战当中，我们可以根据股指下跌的空间确认个股补跌后的企稳价位。当然，也可以通过横向比较发现价格回落后的建仓机会。横向比较的时候，相似题材和相似流通市值的股票表现会相对一致。相关股票的跌幅可以作为参考，是我们确认股价下跌后企稳价位的有效办法。

通过价格跌幅和成交量释放确认股价低点，也是比较好的方式。毕竟在股价补跌期间，一字涨停板的情况出现的时候，量能很难放大。一旦价格打开跌停板，成交量达到天量以后，抛售压力得到充分释放。这个时候，价格距离震中的底部就非常近了。成交量由天量下跌转变为稳定的量能以后，价格继续下跌的空间收窄，而建仓交易机会就出现在这个时候。量能稳定的情况下，股价走势已经非常稳健，价格容易企稳在底部区域。

图 7-7 为上证指数和新亚制程日 K 线叠加图。

要点解析：

（1）图 7-7 显示，当指数出现明显下跌的时候，新亚制程还处于停牌阶段。而该股开盘以后出现了明显的补跌走势。股价以一字跌停板下跌，期间量能明显放大。股价补跌期间出逃资金蜂拥出现，该股补跌走势已经与股指的横盘运行形成背离。

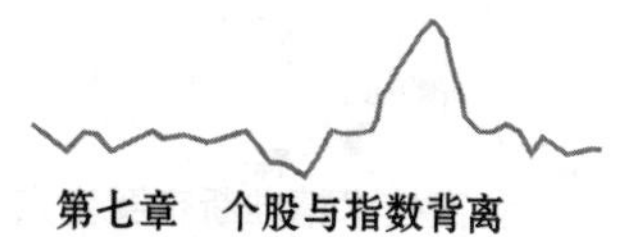

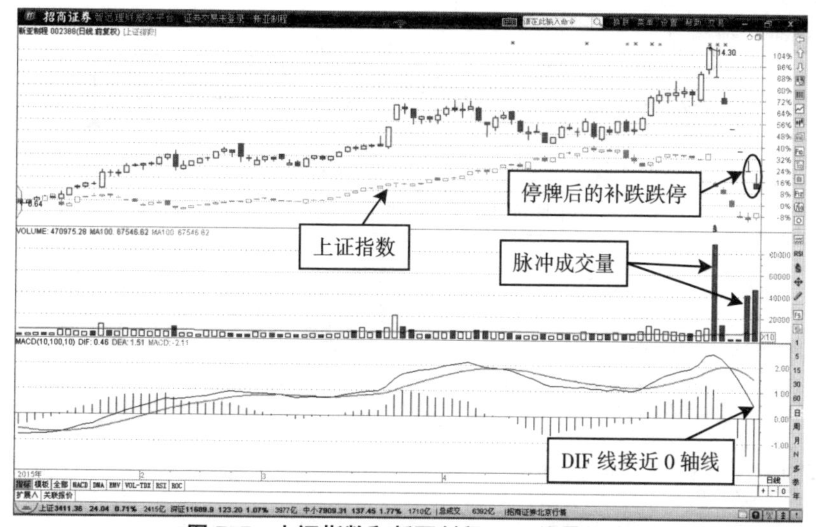

图 7-7 上证指数和新亚制程日 K 线叠加图

（2）在股指企稳阶段，该股依然出现跌停走势，显然是股价超跌的信号。我们分析 MACD 指标发现，DIF 线也已经调整到 0 轴线上方，不过还未跌破 0 轴线。我们可以关注该股与指数背离期间的筑底过程，确认背离消失后的建仓交易机会，我们可以获得较好的收益。

总结：在个股停牌后出现补跌走势的时候，我们确认这种补跌行情与股指企稳形成背离。虽然背离已经出现，但是股价补跌空间还不够多。当我们确认股价下跌幅度与相关个股的跌幅相似时，价格距离真正企稳就非常近了。利用补跌期间股价与股指背离买入股票，我们可以早一些建仓交易。不过这种建仓时机的选择一定是股价补跌充分之后才行。

图 7-8 为上证指数和新亚制程日 K 线叠加图。

要点解析：

（1）图 7-8 显示，即便是在股价下跌与指数背离的情况下，该股依然继续出现了明显的回落。直到图中 K 位置的成交量接近 100 日等量线的时候，股价才结束下跌走势。我们确认建仓交易时机的时候，

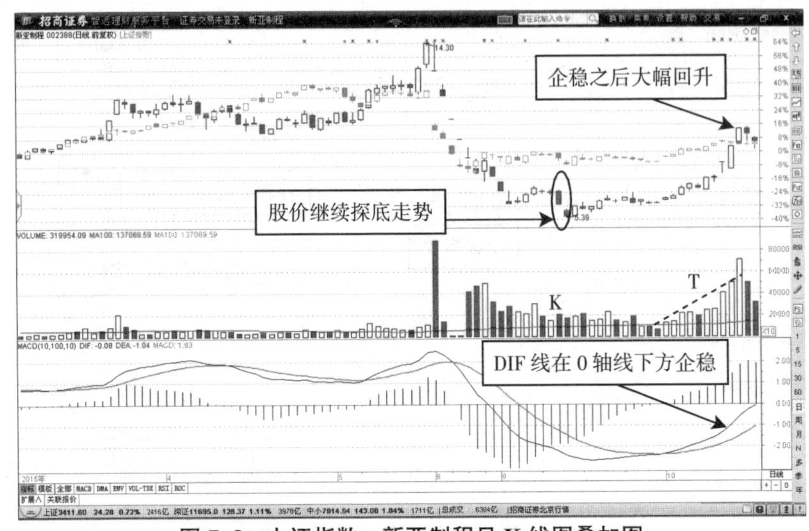

图 7-8 上证指数、新亚制程日 K 线图叠加图

可以在图中股价两根大阴线完成以后开始。

（2）从成交量的变化来看，股价从放量杀跌到量能稳定以后放量上涨。图中 T 位置的成交量稳步回升推动价格快速走强。实际上，当成交量接近 100 日等量线的时候，是股价真正企稳的时刻。这个时候价格走势比较稳健，持股的时候风险相对较小。

（3）图中 MACD 指标的 DIF 线以圆弧底形式完成反转走势。DIF 线逐步回升到 0 轴线附近，即将突破却还没有突破 0 轴线的时候，该股涨幅已经高达 81%。

总结：当我们确认股价结束停牌以后出现补跌行情，判断补跌期间价格下跌幅度非常重要。当股价跌幅与相似个股跌幅一致的时候，并且股指也出现了企稳的信号。这个时候买入股票，我们获得收益就没有任何问题。事实上，多数个股补跌以后累计下跌幅度都很大，但这并不影响股价企稳回升。我们应该做好抄底买入股票的准备，买入股票获得价格反弹带来的收益。

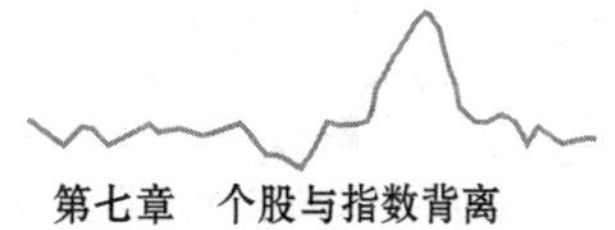

二、利空背离下跌走势

当股指企稳回升的时候，受到利空影响的个股会出现逆势下跌的情况。既然利空消息对价格走势影响很大，那么我们确认股价下跌是在消化利空因素。只要利空没有充分消化，投资者买入股票就很容易遭受损失。场外持币投资者并不急于买入股票，而持股投资者在价格下跌期间不断抛售股票，以至于股价很难短时间内筑底回升。我们确认与股指背离的下跌个股买点不容易形成，确认价格低点的真实底部建仓机会，还需要根据价格形态确认。

当股价下跌走势结束的时候，我们发现股价已经经历了天量回落走势。价格下跌时间较长，是在同期股指回升的情况下单边回落。而价格跌幅出现明显的异常下跌的时候，超大的下影线 K 线形态便会出现，这也提示我们交易机会出现。并且，随着股价超跌后出现企稳走势，我们发现量价配合良好的回升形态出现的时候，同样是确认底部的时刻。

图 7–9 为上证指数和键桥通讯日 K 线叠加图。

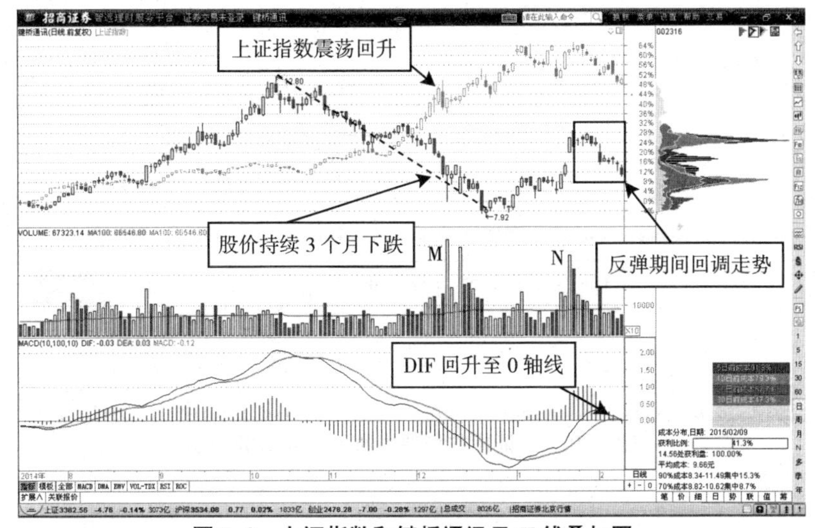

图 7–9　上证指数和键桥通讯日 K 线叠加图

要点解析：

（1）图 7–9 显示，我们发现指数持续回升的过程中，键桥通讯这只股票的走势完全相反。可以说该股与上证指数形成了背离。背离的结果是股价不断下跌，在跌无可跌的情况下出现了反转走势。

（2）3 个月背离消失以后，我们已经可以确认 M 位置量能放大信号。之后 N 位置的量能继续放大，使得股价摆脱了背离阴影。该股与上证指数同步上涨的买点出现。

（3）特别值得关注的是，图中股价回调期间出现了低位买点。虽然上证指数在这个时候同步回落，但是并不影响我们抄底该股。

总结：股价与指数并不会长期背离，价格短线滞涨的时候，场外资金已经在流入。一旦调整到位，量能放大期间的买点就会形成。键桥通讯触底回升以后，该股冲高回落期间依然是买点。同期 MACD 指标回调至 0 轴线附近，这也为进一步上涨提供了机会。

图 7–10 为上证指数和键桥通讯日 K 线叠加图。

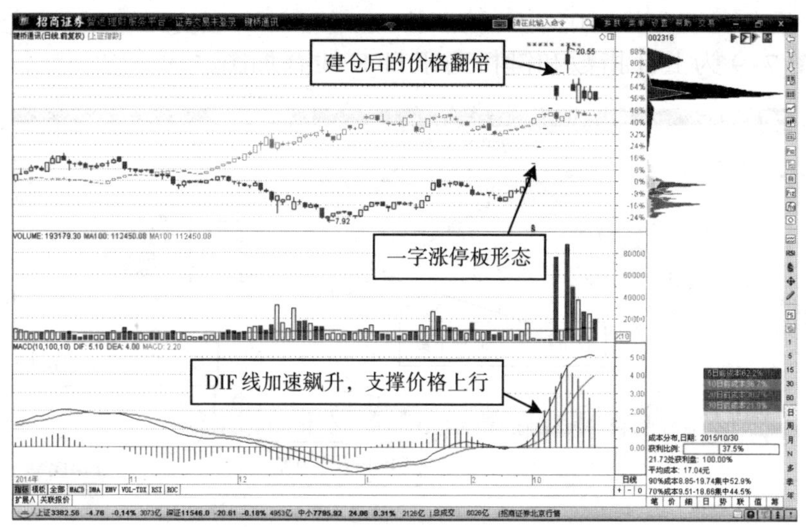

图 7–10　上证指数和键桥通讯日 K 线叠加图

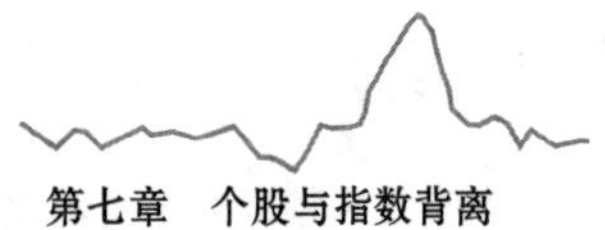

要点解析：

（1）图 7-10 显示，股价冲高回落期间，也是指数回调的时刻。在这个时候，我们发现 MACD 指标的 DIF 线已经可以稳定在 0 轴线，这是支撑价格上涨的重要因素。

（2）在 MACD 指标企稳在 0 轴线的时候，我们确认了建仓机会。从后期的价格表现来看，从我们建仓开始，该股后期涨幅达 100%，的确是非常好的价格涨幅。

总结：个股与指数背离的过程中，我们发现背离越严重买点越可靠。等待成交量稳定下来以后，我们不仅可以确认低位建仓交易机会，而且可以在股价进一步回升到短线高位的时候加仓。个股背离后的上涨走势有后来居上的潜力，因此我们加仓买入股票可以获得更高的收益。

第四节　指数横盘个股上涨背离

当指数出现横向调整走势的时候，指数波动空间不大，这正是主力投资者拉升股价的机会。在股指表现并不理想的情况下，主力拉升股价更容易被追涨的投资者发现。如果主力拉升股价大幅回升，价格回升与股指横盘形成背离，表明个股走势非常强劲，后期依然有较大的回升潜力。

根据个股和股指的背离确认买点，我们发现股指横向调整期间，更容易获得比较好的交易机会。因为股指横向运行期间波动空间不大，而个股走势也会相对稳定。我们买入那些背离回升的个股，盈利空间还是很高的。即便我们买入的股票并未出现明显的涨幅，股指横向运行期间我们持股的风险也不会太大。

可见，实战当中我们利用好股指横盘和个股走强的建仓交易机会，我们的盈利潜力就很高了。实际上，如果个股已经调整到位，我们发现价格放量企稳之时继续上涨的潜力还是很高的。我们通过分析个股的成交量放大和筹码单峰形态确认建仓交易机会有效，可以大胆追涨买入股票盈利。

图 7–11 为上证指数和深桑达 A 日 K 线叠加图。

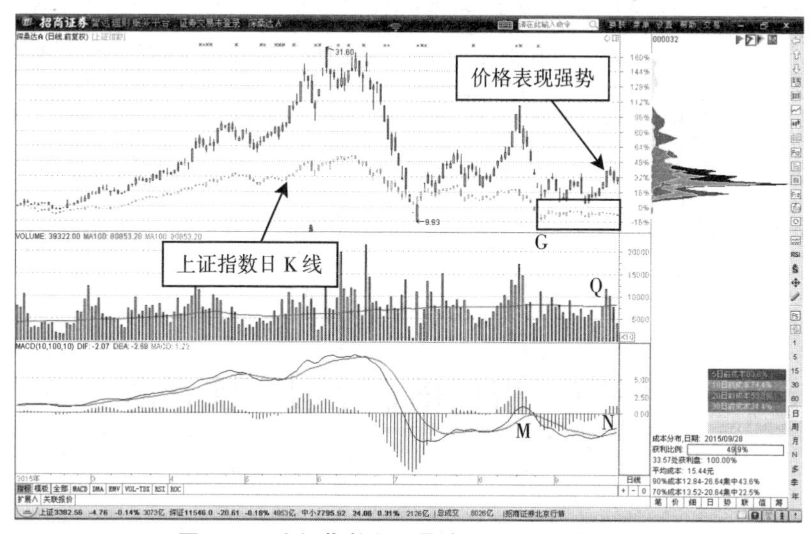

图 7–11　上证指数和深桑达 A 日 K 线叠加图

要点解析：

（1）图 7–11 显示，上证指数横盘运行的时候，指数没有出现明显上涨。同期，深桑达 A 却开始放量回升。图中 Q 位置的量能较大，显然能够推动价格继续走强。

（2）我们观察 MACD 指标的表现，可以发现图中 M 和 N 两个位置都出现了 DIF 线回升的情况。DIF 线挑战 0 轴线的压力位，这提示我们交易机会已经明朗。Q 位置的成交量显著放大至 100 日的等量线上方，表明成交量已经足够大，这成为推动价格上涨的重要因素。

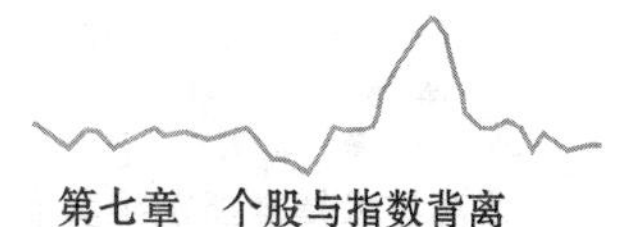

总结：指数横盘运行期间，个股短线放量上涨表明股价已经启动。看似背离的情况中，个股回升潜力是非常高的。我们认为指数横盘为价格上涨提供了强有力的支撑，那么建仓买入股票可以继续盈利。

图 7-12 为上证指数和深桑达 A 日 K 线叠加图。

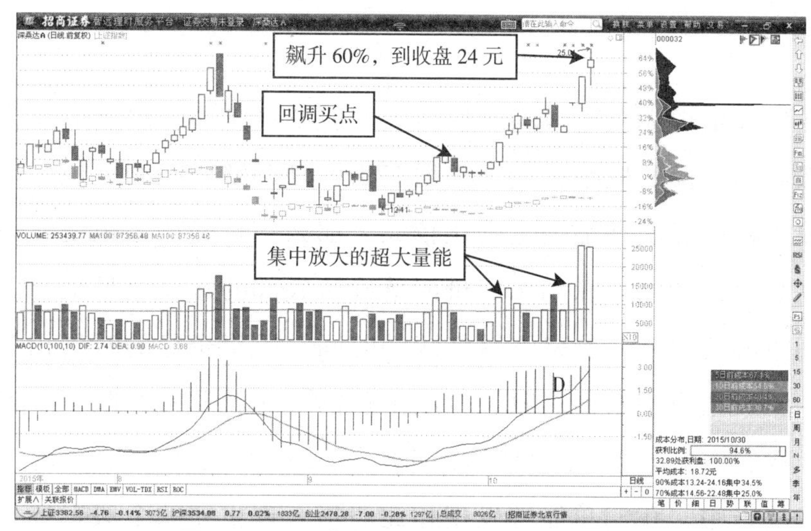

图 7-12　上证指数和深桑达 A 日 K 线叠加图

要点解析：

（1）图 7-12 显示，在股价走强的过程中，我们确认图中成交量放大非常有效。图中成交量明显超越了 100 日等量线，表明资金主力已经在关注该股，股价上行趋势得到很好的确认。

（2）在量能放大的过程中，我们确认 MACD 指标的 DIF 线显著回升，并且在图中 D 位置突破了 0 轴线。可见，DIF 线表现抢眼，指标已经明显提示我们看涨该股后市表现。不出意外，我们追涨买入该股以后可以获得高收益。

总结：在该股起始上涨的阶段，价格回调之时建仓以后，我们可以轻松获取超过 60%的收益。在实战当中，60%的涨幅非常难得。特别是指数还未明显上涨的情况下，我们取得的利润可以明显超越多数投资者。

第五节　指数横盘个股下跌背离

在指数出现横盘走势的时候，表明股票更倾向于出现下跌，我们买入股票后亏损的概率很大。根据股指横盘调整期间的表现，我们发现明显下跌的股票跌幅一定会比较大。那么一旦确认了短线弱势股票的下跌趋势，我们可以利用股价回落确认底部的建仓交易机会。股价背离回落的情况下，价格下跌持续的时间与股指企稳的时刻相关性很高。一旦股指出现企稳迹象，个股下跌的空间就非常有限了。到那个时候，我们率先买入背离回落的个股，将来盈利空间会比较大。

实战当中，我们总能够发现相比股指表现更差的个股走势。如果没有任何利空影响，个股却遭遇了明显的杀跌行情。我们有理由相信，股指企稳之时个股已经调整到位，建仓买入股票后的盈利潜力很大。

一、指数滞涨期间个股杀跌

如果指数回升期间个股走势比较弱，那么一旦指数出现滞涨的情况，个股调整空间必然会增加。这个时候，我们确认指数滞涨而个股杀跌的走势是一种背离形态。个股弱势下跌与指数强势横盘形成背离，这是我们买入股票的机会。考虑到前期指数已经有比较明显的回升，而个股却横盘不动。而当指数出现滞涨的情况下，个股反而快速杀跌。我们认为这不仅是个股与指数走势的背离，而且是主力借势洗盘的过程。

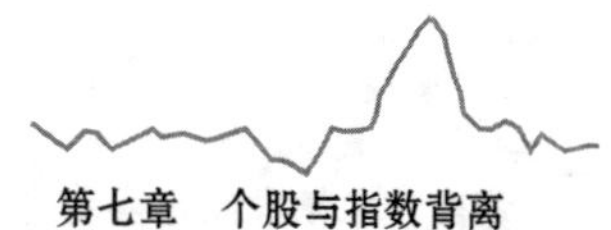

当主力投资者洗盘结束的时候，我们发现交易机会出现在股价大幅杀跌以后。股价短线杀跌并非能够持续价格走势，特别是在股指横盘时间较短的情况下，个股的这种短线杀跌只能形成很短时间的背离形态。

从成交量的表现来看，股价杀跌之时量能出现明显萎缩信号。这是因为，主力投资者并未大量出货，而散户投资者短线抄底意愿不强。而缩量下跌以后，价格很快出现放量企稳迹象。不过股价摆脱杀跌造成的阴影还需要时间，经过一段时间稳定的放量以后，股价出现新一轮的回升走势。到那个时候，我们抄底的资金就会获得比较好的盈利。

图 7-13 为上证指数和深天马 A 日 K 线叠加图。

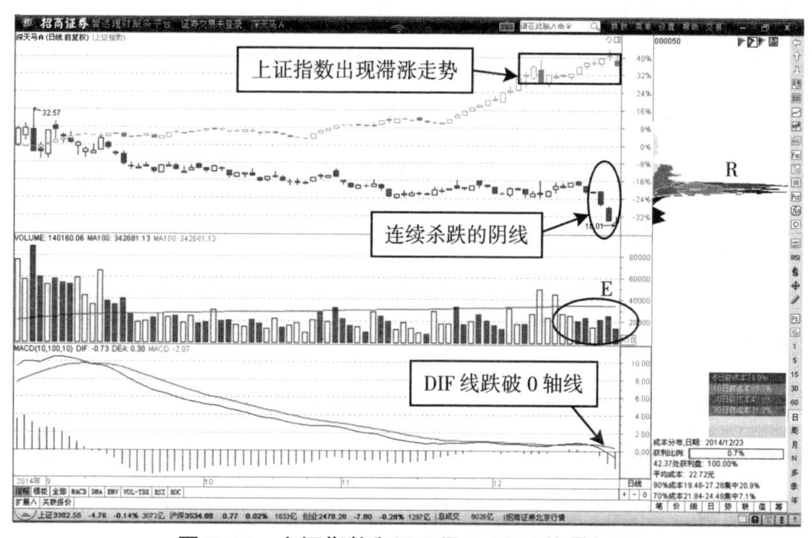

图 7-13 上证指数和深天马 A 日 K 线叠加图

要点解析：

（1）图 7-13 显示，我们发现上证指数经历一波回升以后出现滞涨的情况，指数短线涨幅已经不大，这是比较典型的横盘形态。指数横盘运行的时候，个股通常不会出现任何有效涨幅。并且，走势较弱的股票还会出现杀跌的情况。图中指数滞涨期间深天马 A 就是这种杀跌的典型。该股短时间内跌幅达 20%以上，抄底机会出现在股价大跌以后。

（2）从股价杀跌后的洗盘效果来看，图中 R 位置的筹码峰显然是单峰形态。大多数筹码都聚集在此，表明投资者的成本非常集中。股价跌破这一筹码区域，说明持股投资者中亏损明显大幅增加。主力就是利用股价跌破筹码峰达到洗盘效果。在股价处于筹码峰下方的时候，抄底买入股票相对安全。

（3）从成交量的表现来看，图中 E 位置的量能明显萎缩，这是抛售压力减小的结果。虽然股价跌幅较大，但是抛售股票的投资者并不多，使得成交量明显萎缩。而主力投资者也并未放量卖出股票，使得股价下跌与股指形成的背离更像是一种洗盘走势。

（4）从 MACD 指标的走势来看，DIF 线在股价杀跌期间跌破 0 轴线，这是非常典型的看跌信号。当然，如果我们认为这是短线卖点，那么显然会出现投资失误。股价下跌走势与股指强势回升的背离持续时间较长。而短线股指横盘期间该股杀跌，是背离加剧的信号。我们确认 MACD 指标的 DIF 线跌破 0 轴线是洗盘过度的结果，这是我们买入股票的时刻。

总结：我们确认个股与股指的背离有效非常重要，这是考虑短线建仓的重要依据。在价格杀跌以后建仓，对于股指的走势，我们应该更加关注。股指短线滞涨却不会出现较大跌幅，这是股价企稳的基础。一旦确认股指走强，同时，深天马 A 又下跌到位，买入股票自然获得收益。

图 7-14 为上证指数和深天马 A 日 K 线叠加图。

要点解析：

（1）图 7-14 显示，当股价明显杀跌以后，上证指数逐步从横盘调整中走出来。股指加速上行期间，深天马 A 的建仓机会逐渐明朗。实

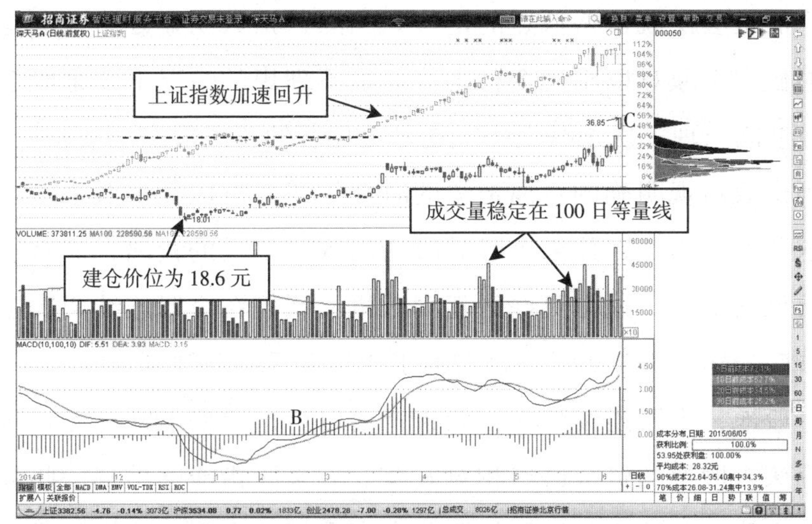

图 7-14 上证指数和深天马 A 日 K 线叠加图

际上，股指短线调整空间非常有限，更多时间里指数以强势运行横盘。而我们在深天马 A 杀跌期间建仓，显然已经稳定盈利。

（2）深天马 A 杀跌以后，18.6 元的建仓价位不容忽视。如果我们建仓成本在 18.6 元附近，后期股价涨幅达到 C 位置的 36.8 元高位，涨幅已达 98%，我们持股资金已经翻番。

（3）从 MACD 指标表现来看，在股价刚刚杀跌后不久，DIF 线已经在 B 位置突破 0 轴线。指标走强表明均线已经开始向价格高位发散。指标推动的价格上行正在延续，我们持股过程中自然有利可图。

总结：股指横盘期间，个股背离下跌提供了非常好的建仓交易机会。我们通过确认指数横盘是短暂的走势，而个股背离下跌的时间也不会太大，股价调整结束后的盈利机会不容错过。

二、指数横盘个股连续杀跌

当指数出现横盘走势的时候，个股出现杀跌的情况，这显然是个股和股指之间的背离形态。这种短线背离之后，股价能否企稳回升取决于指数表现。如果指数表现相对强势，甚至出现明显的回升走势，那么个股也会摆脱价格低点的走势。当然，指数明显处于横盘运行状态的时候，个股难以出现企稳走势。最不理想的情况下，个股会在股指横盘期间出现二次杀跌走势，这是更显著的背离形态。

当个股出现明确的背离走势的时候，我们可以在个股杀跌以后抄底买入股票。当然，如果个股与股指出现第二次的背离，那么价格下跌至更低的价位，这是更好的超底时机。我们在个股连续两次杀跌的时候抄底，建仓价位更低，这有助于我们今后提升盈利空间。

一般地，个股连续两次与股指背离以后，价格下跌已经到位。我们建仓买入股票的资金已经相对安全。如果股指能够出现一些强势表现，那么我们确认杀跌以后的股票会有更好的表现。价格与股指的背离会消失，并且股价涨幅能够达到下跌前的高位上方。从个股与股指背离下跌后我们买入股票的投资效果来看，经历两次杀跌后我们建仓资金更低，并且可以在股指回升期间快速获得收益。背离提供的交易机会非常及时，我们利用背离抄底买入股票更会轻松盈利。

图 7-15 为上证指数和 *ST 华锦日 K 线叠加图。

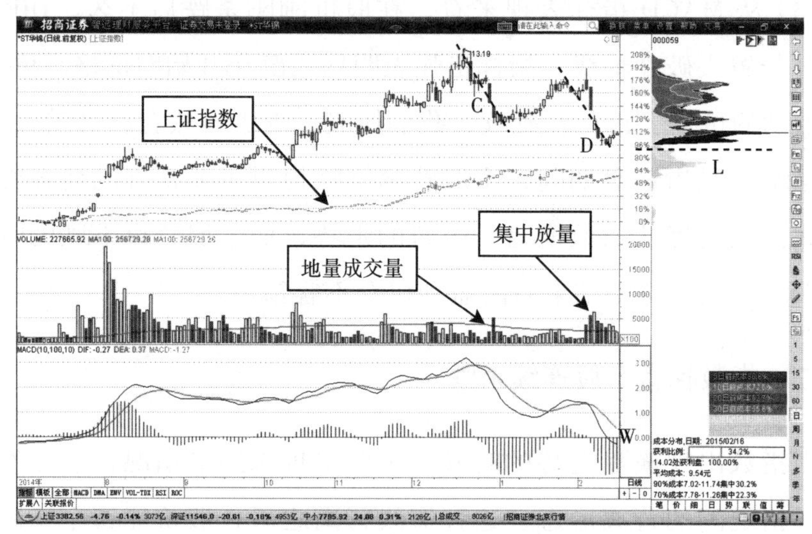

图 7-15　上证指数和 *ST 华锦日 K 线叠加图

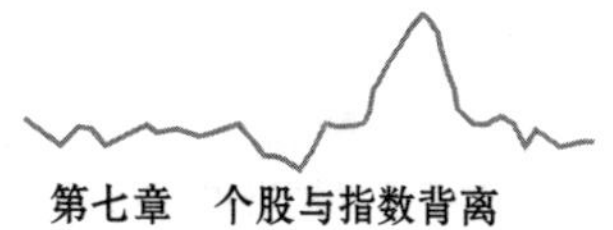

要点解析：

（1）图 7-15 显示，当上证指数横盘运行的时候，我们发现 *ST 华锦明显出现了回调走势。股价不仅下跌空间较大，而且连续经历了连波回落走势。我们确认该股杀跌走势与股指的横盘调整形成背离，这是典型的短线建仓交易机会。

（2）从成交量的表现来看，股价下跌期间量能分别出现了地量成交量和集中放量的量能。地量量能表明抛售压力不大，价格下跌后高位套牢的投资者比较多。而放量下跌之时，筹码向价格低位转移速度较快。价格低点筹码规模增加以后，为价格企稳提供了帮助。

（3）从 MACD 指标的表现看，图中 DIF 线已经在 W 位置跌破了 0 轴线，这是股价超跌的一种表现。虽然 DIF 线跌破 0 轴线，我们确认这并不是股价继续下跌的信号。相反，在股指并未明显回落的情况下，该股连续两次大幅回落提供了比较好的建仓机会。

（4）图中股价第二次回落以后，价格已经处于 L 位置的筹码峰下限。考虑到筹码获利率已经低至 34%，主力打压该股的洗盘效果已经非常好。因此我们确认股价与指数背离回落是一次不错的买点。我们可以在股价第二次杀跌以后买入股票，在 MACD 指标的 DIF 线跌破 0 轴线的过程中建仓。

总结：很难想象的是，在股指没有明显回落的情况下个股会出现杀跌走势。既然股价跌幅较大，且有持续两波下挫，我们确认个股与股指背离提供了不错的买点。在个股杀跌后的价格低点建仓，将获得廉价筹码。我们通过个股杀跌和指标走坏确认了个股与股指严重背离，买入股票以后可以获得不错的收益。

图 7-16 为上证指数和 *ST 华锦日 K 线叠加图。

要点解析：

（1）图 7-16 显示，当指数明显突破低位平台的时候，该回升趋势

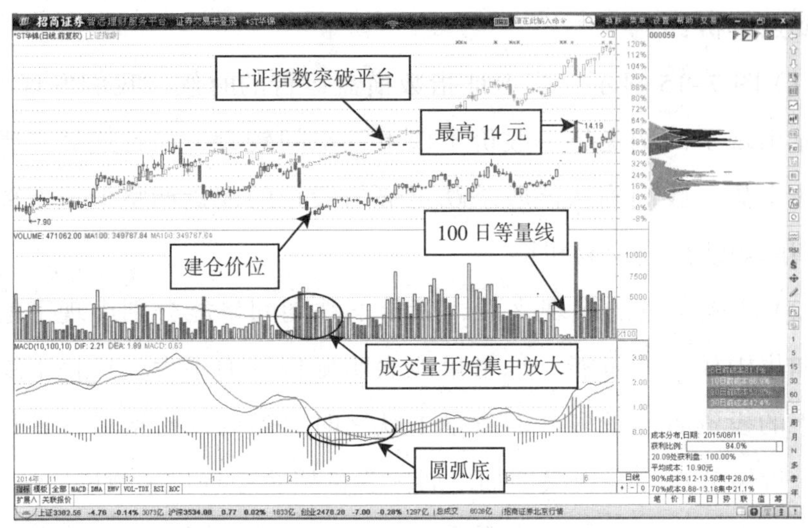

图 7-16　上证指数和 *ST 华锦日 K 线叠加图

得到加强。图 7-16 中股价第二次杀跌期间，成交量已经出现显著放大。量能较高，这是推动价格上行的重要基础。自从该股第二次明显回落以后，触底 8.2 元低位以后该股反弹至 14 元的高位，涨幅已达 70%。

（2）从 MACD 指标的表现来看，当股价第二次杀跌的时候，DIF 线已经在 0 轴线下方探底回升。圆弧底的反转形态出现在 0 轴线以下，这成为支撑价格上行的因素之一。MACD 指标走强表明均线向上发散，股价已经摆脱了阴跌走势。特别是在股指企稳回升期间，我们抄底该股的资金已经出现盈利。

（3）确认股价回升趋势以后，后期成交量明显处于放大状态，并且量能在 100 日等量线上方。这表明成交量放大趋势非常明显。股价活跃度非常高，这有助于上行趋势延续。

总结：当股价出现背离指数的下跌走势的时候，价格连续两波出现回落走势，这是对股指调整的反应。当股指企稳回升之时，调整到位的股价企稳后上涨潜力很大。我们利用背离选择建仓交易时间，对今后盈利帮助很大。